치유의 기도

Konflikte bewältigen:
Schwierige Situationen aushalten und lösen
by Anselm Grün

Copyright ⓒ Verlag Herder GmbH, 2014
All rights reserved.

Korean translation Copyright ⓒ Namu's Mind, an imprint of
MUNHAKDONGNE Publishing Group, 2014
Korean edition is published by arrangement with Verlag Herder
GmbH through Milkwood Agency.

이 책의 한국어판 저작권은 밀크우드 에이전시를 통한 Verlag Herder GmbH 사와의 독점 계약으로 출판그룹 문학동네의 임프린트 나무의마음에 있습니다. 저작권법에 의해 한국 내에서 보호를 받는 저작물이므로 무단 전재와 복제를 금합니다.

깊은 상처와 갈등을 해결하는 1500년의 지혜

치유의 기도

안젤름 그륀 Anselm Grün 지음 | 배명자 옮김

나무의마음

Contents

여는 말 갈등 없이 피어나는 삶은 없다 _008

1 갈등을 회피하는 7가지 잘못된 패턴
하나가 되어야 한다는 잘못된 신념으로 무장하기 _015
문제가 아예 없다고 부정하기 _019
은폐하거나 덮어두기 _021
지우개로 지우듯 잊어버리기 _023
별일 아닌 것처럼 합리화하기 _024
불쾌한 감정을 무기삼아 대화 막기 _025
조화로운 것처럼 성급하게 화해하기 _026

2 사람들은 왜 싸우는가?
갈등은 피할 수 없는 운명이다 _032
갈등을 회피할 때 무너지는 것들 _033
인간은 갈등을 통해 신에게 다가간다 _036

3 삶의 갈등을 해결하는 1500년의 지혜
성 베네딕트 규칙서, 갈등 해소를 위한 보고寶庫 _041
기도하라, 분노가 가시처럼 상처 입히기 전에 _042
연약한 영혼을 용서하라 _044
사람을 잃지 말라 _045
분노를 안고 잠들지 말라 _046
고상한 척 말고, 겸손하라 _048
갈등 해소를 위한 5가지 필요조건 _053

4 시기심과 폭력으로 상처 입은 카인과 아벨 이야기

승자 없이 패자만 남은 싸움 _059
시기심, 오직 이기고 싶다는 강렬한 감정 _061
힘에 무릎 꿇은 자, 다시 힘으로 이기려 한다 _064
갈등의 뿌리 알아차리기 _066
나를 시기하는 사람과 거리 두기 _068

5 질투의 파괴적인 힘

동생이 복수를 포기한 이유 _074
갈등 속에서 피어나는 삶의 희망 _076
가족의 갈등 구조 이해하기 _077
직장 갈등에 숨어 있는 질투 _079
종교 단체 안에도 질투와 시기는 있다 _082

6 역할 갈등은 서로의 기대가 다를 때 생긴다

너와 나의 기대가 다를 때 나타나는 충돌 _087
신임 팀장과 팀원 사이의 갈등 _090
한계선을 정하고 타인의 요구에 무작정 끌려가지 않기 _094
불평불만에 대처하는 법 _097
변화를 두려워하는 사람들을 넘어서기 _098
기도는 상대를 보는 내 안의 시선을 바꾸는 것 _101
자신과 타인을 억압하지 않는 온유함 _102
진정한 지도자는 일을 나눌 줄 아는 사람 _104
인정받기 위해 자신을 희생하지 말라 _108

7 가까운 관계일수록 더 많은 갈등이 숨어 있다

가까운, 그러나 재물 앞에선 너무 먼 관계 _115
가까울수록 일의 영역은 분명하게 _117
부모와 자식의 적당한 거리 _119
분배 갈등이 생겼을 때 _120

8 경쟁자를 내 편으로 만드는 법

강을 사이에 둔 이웃, 라이벌 _127
라이벌 갈등에 효과적으로 대응하는 법 _130
형제자매가 서로 시기하는 이유 _133
나보다 잘난 사람을 누르려는 심리 _135

9 성격 차이에서 생기는 갈등

알아두면 유용한 9가지 성격 유형 _141
규율을 지키려는 자와 자유를 지향하는 자 _144
권위가 아니라 경청의 힘으로 _148
교파 간 다툼에서 배우는 것들 _155
회사도 결국 사람이 사는 곳이다 _157

10 갈등 상황에 대처하는 최고의 방법

부모와 자녀의 갈등 _162
제자들의 서열 다툼 _165
권력을 향한 숨은 욕구 _169
타인을 이끈다는 것 _172
난처한 질문에 대화의 주도권 잡기 _174
"죄 없는 자가 돌을 던져라" _177
함정에 빠지지 않고 도움을 주는 법 _181

11 적을 친구로 만드는 예수님의 지혜

먼저 단둘이 만나 이야기하라 _187
제3자를 대화에 초대하라 _192
몇 번을 용서해야 할까? _198
깊은 상처를 치유하는 용서의 5단계 _201
보복의 악순환에서 벗어나기 _206
상대를 축복할 때 일어나는 기적 _212
내가 미워하는 상대도 하느님의 사랑을 받는 귀한 사람이다 _214
사랑하되 일정한 거리를 유지하라 _217
의견 대립과 관계 갈등을 구분하라 _223
적대감을 가진 이들과 평화 협정을 맺는 법 _227
누구도 상처 받지 않을 공정한 타협점 _234
적을 친구로 만드는 7가지 방법 _237

12 완전한 화해

빵과 포도주를 함께 먹으며 용서 구하기 _246
싸우는 부부를 위한 화해 의식 _248
직장에서 화해를 위한 마지막 몸짓 _253
"당신을 용서합니다. 그리고 축복합니다" _255

맺는 말 인간은 갈등 속에서 신에게 다가간다 _259

참고문헌 _263

여는 말
갈등 없이 피어나는 삶은 없다

갈등 없는 삶은 없습니다. 우리 모두 자신의 문제로든 다른 사람과의 문제로든 시시때때로 긴장과 위기 상황을 맞게 됩니다. 특히 관계에서 생기는 갈등은 피하기 어렵습니다. 우리는 모두 가치관이 다르고, 관심사가 서로 달라 부딪치기 쉬운 존재들이기 때문입니다.

갈등이 생긴다고 해서 개인 혹은 집단 간의 관계가 무조건 잘못되었다고 단정할 수는 없습니다. 오히려 갈등과 대립은 서로에게 관심이 있기 때문에 생깁니다. 따라서 갈등과 대립은 공동체가 살아 있다는 증거라고 할 수 있습니다.

인간은 더불어 살아가기 위해 다투고 갈등을 견디며 해소합니다. 공동체에 갈등이 전혀 없다는 것은 바꾸어 말하면 서로에게 무관심하고 냉정하다는 말과 같습니다.

가치를 공유하거나 비슷한 정치적·종교적 성향을 지닌 사람들 사이에서는 무조건 갈등이 없어야 한다고 믿는 이상주의자들이 더러 있습니다. 하지만 그것은 환상입니다. 살아 있는 공동체라면 어디든 갈등이 있을 수밖에 없습니다. 오히려 갈등을 인정하고 관계의 문제를 적극적으로 풀어 갈 때, 함께 발전하고 도약할 수 있습니다.

많은 사람들이 관계에서 생기는 갈등 때문에 힘들다는 얘기를 자주 합니다. 그들의 이야기를 듣다 보면, 사람들은 갈등의 존재를 인정하는 걸 두려워한다는 사실을 알 수 있습니다. 그것은 갈등이 있어선 안 된다는 생각에서 비롯된 것입니다. 흔히 가족 간에 갈등이 있다고 하면, '싸움이 끊이지 않는 콩가루 집안'을 연상합니다. 그렇듯 많은 사람들은 싸우지 않아야 좋은 사람, 좋은 가족, 좋은 공동체라고 생각합니다.

가족은 늘 화목해야 한다는 잘못된 믿음 탓에 드러내 놓고 싸우지 않기 때문에 갈등을 다루기 어려워하는 사람들도 있습니다. 싸워야 하는 상황이 발생하면 땅이 꺼지는 듯한 기분을 느끼며 지레 겁을 먹는 사람들도 있습니다. 갈등은 이런 마음 약한 사람들의 힘을 빼앗고 아무것도 할 수 없을 만큼 무기력하게 만듭니다.

그들은 어떻게든 갈등을 피하려 하지만, 갈등은 피한다고 해결되는 문제가 아닙니다. 그런데도 계속 회피하다 보면 마음의 문제를 넘어 몸에도 병이 생길 수 있습니다.

'갈등conflict'은 '충돌하다, 부딪치다'라는 뜻의 라틴어 'confligere'에서 유래했습니다. 두 물체가 충돌하면 에너지가 생겨납니다. 그러므로 갈등 때문에 충돌이 일어났다면 에너지가 생겨나고 있다는 표시로 볼 수 있습니다. 갈등은 우리의 에너지를 빼앗는 것이 아니라 오히려 충돌을 통해 새로운 에너지를 만드는 것입니다.

충돌이 일어났을 때 성급하게 누가 갈등을 일으켰는지 찾으려고 하기보다 먼저 해야 할 것이 있습니다. 바로 갈등 상황을 정확히 파악하는 데 힘을 쏟으면서 스스로에게 물어야 합니다.

'이 갈등에서 어떤 에너지를 얻을 수 있을까?'

'이 갈등을 통해 어떤 배움을 얻게 될까?'

갈등이 생겼다는 것은 지금까지의 해결책이 모두를

만족시키지 못했다는 증거입니다. 때로는 미처 예상치 못했던 새로운 사건이 벌어지면서 갈등이 생기기도 합니다. 가령 라이벌 간의 경쟁은 여러 사람이 함께 일하는 와중에 억압되었다가 어떤 계기를 통해 수면 위로 떠올라 불거지기도 합니다. 개인의 상처 때문에 관계가 꼬이기도 하고, 새로운 동료가 조직에 등장했다는 이유로 지금까지 지탱되던 균형이 깨지기도 합니다.

갈등 해소법을 알려주는 책들은 시중에 많이 나와 있습니다. 저는 성경 말씀을 바탕으로, 심리학과 다양한 갈등 연구 사례들을 통해서 갈등을 해결하는 방법을 구체적으로 소개하려고 합니다. 물론 성경에 나오는 갈등 해소법이 만병통치약은 아닙니다. 하지만 좋은 본보기가 될 수 있으리라 생각합니다. 성경에는 갈등 해소의 성공 사례뿐 아니라 실패 사례도 있어서 반면교사의 역할도 해주기 때문입니다.

성경에 등장하는 갈등 사례들은 매우 일반적입니다. 그저 옛날이야기에 불과한 것이 아니라, 오늘날에도 적용될 수 있는 사례들입니다. 사례는 창과 같습니다. 창을 통해 밖을 보듯이 우리는 사례를 통해 현실을 볼 수 있습니다.

성경의 사례는 오늘날 우리가 겪는 갈등의 전형적인 구조를 보여 줍니다. 모든 갈등은 특정한 패턴을 지니고 있는데, 성경에는 그 패턴이 고스란히 담겨 있습니다. 그 패턴을 지금의 현실에 맞게 해석하는 것이 중요합니다.

이 책에서는 삶에서 중요한 세 영역의 갈등을 다루려고 합니다. 가족, 부부, 연인 사이의 개인적 갈등, 직장에서의 조직 갈등 그리고 교회와 같은 공동체 안에서의 역할 갈등이 그것입니다.

또 심리학에서는 갈등을 어떤 관점으로 보고, 그 갈등을 어떻게 해결하는지 살펴보고, 갈등을 다루는 베네딕트회의 오랜 전통과 관련된 몇 가지 경험도 소개하고자 합니다.

성경은 관계를 개선하고, 갈등을 이해하고 해결하는 데 아주 훌륭한 교과서입니다. 이 책을 만난 독자들이 성경이 제안하는 갈등 해소법, 그리고 심리학과 수도회의 갈등 해소법을 통해, 지금까지 고통 받았던 갈등을 현명하게 다루는 지혜를 배울 수 있기를 바랍니다.

안젤름 그륀

1

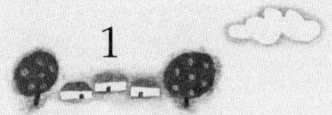

갈등을 회피하는 7가지
잘못된 패턴

하나가 되어야 한다는 잘못된 신념으로 무장하기 | 문제가 아예 없다고 부정하기 | 은폐하거나 덮어 두기 | 지우개로 지우듯 잊어버리기 | 별일 아닌 것처럼 합리화하기 | 불쾌한 감정을 무기삼아 대화 막기 | 조화로운 것처럼 성급하게 화해하기

"마찰이 있어야 온기가 생기듯이 갈등으로 부딪쳐야 에너지가 생깁니다. 관계에 온기가 없다면 공동체는 점점 더 차가워지고, 결국엔 꽁꽁 얼어붙고 말 것입니다."

　갈등 해결을 어렵게 만드는 것이 있습니다. 무조건 갈등을 회피하려는 태도입니다. '일어나지 않아야 할 일은 절대 일어나서는 안 된다'는 신념으로 갈등을 아예 인정하지 않습니다. 그래서 이미 일어난 갈등을 해결하려 애쓰기보다 일단 회피하면서 잘못된 상황을 계속 반복합니다.

　이제부터 갈등을 회피하는 다양한 유형을 간단히 살펴보겠습니다.

하나가 되어야 한다는
잘못된 신념으로 무장하기

　가족이나 부부처럼 작은 공동체만 갈등을 감추고

회피하는 건 아닙니다. 거대 조직이나 대기업에서도 '조화와 일치'라는 가치를 이상화하기 때문에 갈등을 인정하지 않고 무조건 밀어내려고 합니다.

그러나 공동체가 조화와 일치를 이상으로 삼으면, 갈등은 그 조직의 이상을 위협하는 위험 요소가 됩니다. 그래서 갈등을 '있어서는 안 되는 일'로 여깁니다. 서로 사랑하면 갈등이 없을 거라는 허황된 신념을 강요합니다.

그러나 이와 같은 도덕적 강요는 갈등 해소에 아무런 도움이 안 됩니다. 다양한 관계에서는 조화와 일치가 아니라, 수많은 관심 사이에 마찰이 있을 수밖에 없다고 예상해야 합니다. 이상 뒤에 숨어 다른 사람을 탓해선 안 됩니다.

갈등을 있는 그대로 보십시오. 그러면 갈등을 통해 함께 성장하면서 새로운 해결책을 찾을 수 있습니다.

갈등은 오랫동안 외면해 오던 수면 아래의 소용돌이를 잠재울 좋은 기회입니다. 갈등이 생기면, 수면 아래서 들끓던 욕구들을 더는 못 본 체할 수 없고, 보고 싶지 않던 불편한 진실을 정면으로 대면할 수밖에 없습니다.

종교 공동체 안에서도 갈등을 회피하는 일이 자주 일어납니다. 다음 사례는 여러 다른 관계에도 적용될 수 있을 것입니다.

어떤 수사가 부당한 대우를 받았다고 느낍니다. 원장이 다른 수사만 편애하는 것 같아서 원장을 찾아가 차별에 대해 불만을 얘기합니다. 이때 원장은 편애나 차별 같은 건 없다며 오해일 뿐이라고 갈등을 회피합니다. 그러나 이런 태도는 갈등을 더욱 키울 뿐이라고 작가 헤드비히 켈너Hedwig Kellner는 이야기합니다.

"수사는 원장의 대답에 만족할 수 없지만, 지위도 낮고 말주변도 없어 자기 의견을 제대로 표현하지 못할 것입니다. 문제는 해결되지 않은 채, 대화에서 '패배'한 탓에 분노가 더해집니다. 수사에게 갈등은 현재 진행형이 됩니다."

어떤 관계든 갈등에서 두려워하는 요소는 같습니다. 바로 타인의 눈을 의식한다는 겁니다. 가족은 이웃의 눈을 겁냅니다.

"우리가 싸우는 걸 보면 남들이 뭐라 그러겠어!"

부부는 아이들이 고통 받을까 봐 걱정합니다.

"우리가 싸우는 걸 보면 아이들이 괴로워할 거야."

하지만 아이들은 싸우는 모습을 보지 않아도 그 모든 걸 감지합니다. 임시로 봉합했지만 해소되지 않은 채 숨겨진 갈등까지도 고스란히 느낍니다.

갈등 때문에 관계가 깨질까 봐 겁내는 사람도 있습니다. 그래서 갈등에 대처하기보다 차라리 조화로운 척 포장하고 삽니다. 진실을 직시하거나 행복한 부부가 아님을 인정하기가 두려워 갈등을 회피하기도 합니다. 부부 생활을 유지하기 위해 자신의 진심보다는 이상적인 결혼이라는 겉모습을 우선시합니다. 갈등을 인정하면 드높은 이상이 모래성처럼 무너져 버릴까 봐 두렵기 때문입니다.

무조건 하나가 되어야 한다는 숭고한 가치를 지키기 위해 갈등을 회피하는 일은 주로 높은 이상을 가진 공동체에서 생깁니다. 교회와 같은 종교 공동체는 갈등을 솔직하게 드러내는 걸 힘들어 합니다. 갈등은 외부에 보여야 할 공동체의 이미지와 모순되기 때문이지요.

사례 하나를 살펴봅시다. 교회의 단결된 이미지를 중시하는 주교단이 있습니다. 그들은 한목소리를 내고자 애씁니다. 그러나 사람이 모인 곳은 어디나 그렇듯이, 주교들도 서로 생각과 의견이 다를 수 있습니다. 종종 수면 아래에서 격렬한 논쟁과 대립이 생기기도 하고, 무대 뒤에서 결투가 벌어지기도 합니다. 그러나 주교들은 이런 갈등을 제대로 해결하려고 노력하지 않습니다. 회의를 거쳐 한목소리를 내야 한다는 의무감을 갖고 있기 때문입니다. 성령의 힘으로 모두가 같은 생각을 가지고 있는 것처럼 보여야 하니까요.

그러나 그것은 스스로를 속이는 거짓된 행동입니다. 갈등을 솔직히 드러내거나, 논의를 거쳤지만 모든 갈등이 완전히 해소된 것은 아니라고 인정하는 편이 훨씬 더 정직할 것입니다.

문제가 아예 없다고 부정하기

갈등을 회피하는 흔한 방법 중 하나가 부정하기입니다. 갈등이 있다는 사실 자체를 그냥 부정하는 것입니다.

남편과의 갈등에 지칠 대로 지친 아내가 남편을 끌고 부부상담소에 갔습니다. 이때 남편이 말합니다.

"저희 부부는 갈등이 없습니다. 아무 문제없이 화목하게 잘 살고 있어요. 자식들도 별 탈 없이 잘 자라고,

먹고살 만큼 벌고 있고, 직장 생활도 순탄하게 해오고 있습니다."

한마디로 아무 문제가 없다는 겁니다. 그러나 바로 이것이 갈등의 원인입니다. 남편은 문제가 아예 없다고 생각하기 때문에 아내의 고통을 헤아리지 못하는 겁니다.

이런 식의 갈등 회피는 가정에서뿐만 아니라 직장에서도 자주 찾아볼 수 있습니다. 사람들은 직장에서 갈등이 생기면 일단 참습니다. 감히 드러내 놓고 말하지 못합니다. 갈등을 드러냈다가 자칫 사태가 더 심각해질까 봐 겁이 나기 때문이지요. 경영자나 임원진의 의견 차이에 대해 뒤에서 수군거릴 뿐, 적극적으로 갈등을 해소하려 애쓰지는 않습니다.

결국 회사 전체가 해소되지 않은 갈등 때문에 더욱 힘들어지고 분열이 생기게 됩니다. 그러다가 갈등이 점점 확산되면 끝내 파국에 이르고 말지요.

교회 조직들도 세속과 마찬가지로 일단 갈등을 회피하려 듭니다. 그러다 보니 심각한 상황에 무방비 상태로 노출되어 있습니다.

대부분의 수도회는 공동체에서 생기는 갈등을 올바

르게 해소할 수 있는 방법을 찾지 않습니다. 어떤 수도회는 갈등을 막기 위해 규정을 최소한으로 줄이고, 저마다 원하는 것을 하도록 합니다. 또 어떤 수도회는 엄격한 회칙으로 갈등을 해결하려 애씁니다.

그러나 수면 아래에서는 여전히 심각한 갈등이 소용돌이칩니다. 해소되지 않은 갈등 때문에 와해된 수도회도 있습니다. 그곳에서는 견해의 차이를 서로 얘기할 수 있는 공동의 언어를 개발하지 않았습니다. 수도자들은 제 나름의 방식으로 수도원 생활의 의미를 찾으며 서로 벽을 쌓고 갈등을 회피했습니다.

수도회 전체보다 개개인을 위하는 프로젝트에 몰두했고, 갈등 회피는 어느 순간 큰 소용돌이를 일으켜 공동체를 무너뜨렸습니다.

은폐하거나 덮어두기

갈등을 회피하는 방식 가운데 '은폐'는 한마디로 방관하는 태도라고 할 수 있습니다. 그저 묵묵히 참고 견디다 보면 언젠가는 풀이 무성하게 자라 갈등이 보이지 않게 될 것이고, 그러면 모든 일이 저절로 해결될 거라고 믿는 것입니다. 실제로 독일 전前 총리 헬무트 콜은 이런 태도를 취해 대중의 비난을 받기도 했습니다.

헬무트 콜은 갈등이 생기면 언론과 정치인들이 관심을 보이지 않을 때까지 그냥 미뤄 두곤 했습니다. 이 전략이 통할 때도 있었지만 항상 그런 것은 아니었습니다. 미뤄 두었던 갈등은 총리직 말기에 다시 불거져 나왔습니다.

또 '덮어두기'도 있습니다. 비유하자면 이렇습니다. 방이 지저분하고, 여기저기 쓰레기가 많습니다. 하지만 쓰레기를 밖에 있는 쓰레기통에 버리지 않고 그냥 침대 밑이나 카펫 밑으로 밀어 넣는 것입니다.

지금 당장은 눈에 보이진 않겠지만 쓰레기는 여전히 방 안에 있고, 언젠가는 다시 삐져나와 방을 어지럽힐 것입니다. 카펫이나 침대 밑으로 벌레가 꼬이고, 덮어 둔 쓰레기 때문에 어느 순간 방 전체가 엉망이 될 것입니다. 숨쉬기가 힘들어지고, 먼지 알레르기가 생깁니다. 말하자면 덮어 둔 갈등 때문에 알레르기 반응이 일어나는 것입니다.

결국 갈등보다 훨씬 더 심각한 증상과 싸워야만 합니다. 그리하여 근본적인 갈등 해소가 아니라 겉으로 드러난 증상을 없애는 데 많은 에너지를 허비하게 됩니다.

갈등 초기에는 쉽게 해결할 수 있었을 문제를 이렇게 심각해질 때까지 방치하면 갈등 초기보다 훨씬 더 많은 비용과 에너지가 필요하게 됩니다.

지우개로 지우듯
잊어버리기

칠판의 글씨를 지우개로 지우듯, 문제를 잊어버리는 방법도 있습니다. 이익과 대립하는 충돌을 해결하려 애쓰지 않고 문제들을 내버려 두었다가 그냥 잊으면 된다고 생각합니다.

그래서 별 일 아니라고 대충 넘기고, 갈등이 언급되면 이렇게 반응합니다.

"자, 우리 다시 한 번 약속합시다. 이제 모든 일이 해결되었다고 생각합시다."

그러나 실제로는 아무것도 해결되지 않았습니다. 해소되지 않은 갈등이 언젠가는 공동체를 위협하리란 사실을 외면할 뿐입니다. 이것은 표면만 슬쩍 닦은 칠

판과 같아서, 지우개로 지웠다고 생각한 글씨가 칠판에 다시 나타납니다.

결국 아무것도 완전히 지워지지 않았던 것처럼, 과거에 충돌했던 의견들이 다시 등장합니다. 또다시 드러난 대립은 아무리 닦아도 좀처럼 지워지지 않을 것입니다. 이때는 피하지 말고 정면으로 부딪쳐야 합니다. 그래야 깨끗이 닦인 칠판 위에, 서로 용기를 주고 희망을 주는 문장을 다시 쓸 수 있습니다.

별일 아닌 것처럼
합리화하기

가정과 기업, 거대 조직을 막론하고 갈등에 대처하는 데 무능력하거나 무조건 회피하려 드는 사람이 있습니다. 그들이 살아온 이야기를 들여다 보면, 그러한 태도는 대부분 아버지와의 경험과 관련되어 있음을 확인하게 됩니다.

어린 시절 아버지의 지지를 충분히 받지 못하고 자란 사람은 일반적으로 갈등 상황을 힘들어 합니다.

긴장감이 감도는 상황을 회피하면서 쓰는 전략이 합

리화입니다. 즉 갈등이 없다는 것을 증명하기 위해 그 근거들을 찾아내려고 합니다. '갈등처럼 보이지만 오해일 뿐이야. 미처 알지 못하는 사실이 있어서 그런 거야' 하고 믿습니다.

이러한 합리화 전략을 통해 갈등을 별일 아닌 것으로 만들거나 더 나아가 아예 부정합니다. 합리화 전략은 아주 설득력 있게 들립니다. 그러나 이런 주장의 밑바닥에는 두려움이 도사리고 있습니다. 이런 유형에게는 갈등을 인정하고 직시하는 것이 두렵기만 합니다. 또 갈등에 대처하기란 힘든 일일 수밖에 없습니다. 그래서 갈등을 부정하거나 별일 아닌 것으로 만들기 위해 수천 가지 설명과 '합리적인' 근거들을 만들려고 애씁니다.

불쾌한 감정을 무기삼아
대화 막기

갈등은 언제나 감정의 문제입니다. 그래서 불쾌하다는 감정적 반응을 보이며 갈등을 회피하기도 합니다. 하지만 갈등을 다룰 때 불쾌함을 드러내는 것은 '이제 그만 얘기하라'고 거부권을 행사하는 것이나 마찬가지입니다. "당황스럽고 감정이 몹시 상해 화가 나기 때문에 더는 얘기하고 싶지 않다"라는 의미입니다. 그러면서 대화를 거부하고 상대방을 괴롭힙니다. 불쾌함을 내세워 갈등을 밀쳐내는 것입니다.

이 유형은 갈등 자체를 불쾌하게 여기기 때문에 갈등에 대해 터놓고 얘기할 마음의 여유조차 없습니다. 그래서 갈등에 대해 얘기하는 것을 불편해하거나 문제 해결을 무조건 피하려 합니다. 불쾌함을 무기로 근본적인 문제에 대해 얘기하기를 거부하고 대화를 중단하여 상대방의 말문도 막습니다.

이렇게 되면 갈등은 있어서는 안 될 금기가 되고, 문제 있는 사람들에게나 생기는 극히 개인적인 일로 치부됩니다.

조화로운 것처럼 성급하게 화해하기

갈등을 피하는 사람들은 대개 '조화'를 사랑합니다. 그들은 조화에 대한 욕구가 매우 높아서 갈등이 나타

나면 땅이 꺼질 듯이 두려워합니다.

그래서 어떻게든 조화를 이루려 애쓰면서 갈등이 없는 것처럼, 모든 것이 조화로운 것처럼 행동합니다.

"이건 별로 심각한 문제가 아니야"라며 갈등을 겪는 당사자들을 설득하고 달랩니다. 물론 조화를 이루는 것은 아름다운 일이지만, 무조건 관계가 조화로워야 한다고 생각하는 사람은 갈등 상황에 취약할 수밖에 없습니다.

그들은 갈등이라는 에너지 속에 있는 긍정적 가치를 발견하지 못합니다. 그러다 보면 갈등은 해소되지 않은 채 계속 잡음을 내고, 결국엔 공동체 전체를 마비시키고 맙니다.

문제를 이야기할 용기가 없어서 갈등을 기피하는 사람들도 있습니다. 그들은 서둘러 화해를 하지만 그것은 '게으른 평화'일 뿐이고, 근본적으로 문제가 해결되지 않았기 때문에 관계는 점점 더 악화됩니다.

진정한 조화는 갈등이 자연스럽게 드러나고 해결되는 과정에서 꽃핍니다. 서로가 평행선을 달리는 까닭은 갈등이 조화를 방해한다고 생각해 모든 마찰을 피하려 하기 때문입니다.

그러나 마찰이 있어야 온기가 생기듯이 갈등으로 부딪쳐야 에너지가 생깁니다. 관계에 온기가 없다면 공동체는 점점 더 차가워지고, 결국엔 꽁꽁 얼어붙고 말 것입니다.

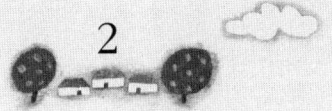

2

사람들은 왜 싸우는가?

갈등은 피할 수 없는 운명이다 | 갈등을 회피할 때 무너지는 것들 | 인간은 갈등을 통해 신에게 다가간다

"인간은 본질적으로 갈등하는 존재이고,
갈등을 통해 성장하는 존재입니다. 그래서 갈등을 회피하면
성장할 기회를 스스로 차 버리게 됩니다."

 갈등은 여러 가지로 정의할 수 있습니다. 우선 개인이나 집단이 서로 역동성과 차이점, 관계의 문제에서 어떠한 갈등을 겪느냐에 따라 외적인 정의를 내릴 수 있습니다.

 작가 헤드비히 켈너는 갈등을 다음과 같이 정의했습니다.

 "둘 이상의 상반된 일을 추진할 때, 혹은 둘 이상의 집단이 같은 목표를 두고 경쟁할 때 갈등이 생긴다."

 또는 개인 사이의 관계에 초점을 맞추어, 갈등의 당사자가 서로 대립하는 상황에서 각자 어떠한 역할을 하고 얼마만큼의 부정적 감정을 느끼는지를 가지고 설명하기도 합니다.

갈등은
피할 수 없는 운명이다

 프랑스의 신학자 마르크 오레종Marc Orajson은 갈등에 대해 더욱 심화된 정의를 내렸습니다. 그는 인간에게 갈등은 "피할 수 없는 운명과도 같은 것이자 곧 삶의 증표"라고 말합니다. 즉 태어남이 갈등의 시작이고, 젖을 뗄 때나 미운 일곱 살, 사춘기 등 삶의 굽이굽이에서 다양한 갈등과 충돌을 겪으면서 육체적으로나 정신적으로 성장한다는 것입니다.
 인간은 부모의 기준을 따르라고 속삭이는 '초자아'의 목소리와 자신의 고유한 감각 사이에서 끊임없이 갈등합니다.
 인간은 삶의 조건이 되는 환경과도 갈등을 겪습니다. 우선 가정이라는 환경에서 부모는 자식에게 이것저것 금지하고 한계를 정합니다. 자식은 부모의 뜻대로 따를 것인가, 부모에 저항할 것인가 사이에서 갈등합니다.
 나이가 들면 직장이나 소속 집단에서 갈등을 겪기도 합니다. 각 단체나 지향하는 바가 다른 정당 사이에서도 갈등이 생깁니다. 신학자 마르크 오레종은 개인의 갈등뿐 아니라 집단 간의 갈등 또한 불가피한 것이라고 말합니다.

"살면서 갈등은 있을 수밖에 없습니다. 그래서 사람과 사람 사이든, 여러 집단 사이든 갈등이 생겼을 때 무작정 피할 게 아니라, 오히려 갈등을 통해 자신이 꼭 옳은 것만은 아니라는 사실을 받아들이고, 자신의 한계를 극복하는 계기로 삼아야 합니다."

갈등을 회피할 때
무너지는 것들

갈등에는 긍정적인 효과도 있습니다. 발전적으로 나아가는 생산적인 긴장을 만들어 냅니다. 갈등은 우리를 감싸 주는 안전이라는 울타리를 흔들어 우리를 의문에 휩싸이게도 만들지만, 진실을 직시하도록 돕기도 합니다.

물론 한 집단 혹은 한 국가를 마비시키는 갈등도 있습니다. 그런 경우에는 갈등을 해결하려 하기보다 갈등이 드러나 공동체의 질서를 무너뜨리지 않을까를 더 두려워합니다. 반대로 갈등을 회피해 버리면, 평화와 안정이라는 수면 아래에서 더욱 격렬한 충돌이 생깁니다. 심리학에서는 이것을 '잠재된 갈등'이라 부릅니다.

밖에서 얼핏 본다면 대체로 모든 공동체의 구성원들이 원만하게 지내는 것처럼 보입니다. 서로에게 친절하고 정중합니다. 하지만 수면 아래에서는 긴장과 분노가 존재합니다. 거대한 폭발이 두려운 나머지 갈등이 솟아오르지 못하게 억누르기 때문입니다.

공동체의 안전을 위한다는 명목하에 갈등을 억압하다 보면 사람들의 분노 지수가 높아지고, 발전해 갈 수 있는 긍정적인 에너지를 빼앗는 결과를 낳습니다.

또 갈등을 제때 풀지 않고 부정하거나 감추어서 불똥이 다른 곳으로 튀는 경우도 있습니다. 켈너는 그 예로 "직원들 때문에 화가 난 사장이 저녁에 집에 돌아와 공연히 아내에게 짜증을 내거나 화를 내는 것"을 들었습니다.

인간은 본질적으로 갈등하는 존재이고, 갈등을 통해 성장하는 존재입니다. 그래서 갈등을 회피하면 성장할 기회를 스스로 차 버리게 됩니다. 우리의 삶은 갈등을 통해 다양한 자극을 경험하면서 의식의 폭이 넓어집니다.

마르크 오레종은 "우리가 그런 갈등을 부정하면 우리의 내면세계는 정체되고, 결국 자기 삶을 부정하게 된다"고 말합니다.

자기 의견만 고집하며 다른 사람의 의견을 전혀 받아들이지 않는 태도 역시 갈등을 부정하는 행위입니다. 이런 태도는 상대방으로 하여금 거부당한 기분이 들게 합니다. 자기만 옳다고 생각하는 사람에 대해 마르크 오레종은 "외적 원인에 의해 언제 터질지 모르는, 잠재된 내면의 갈등으로부터 자신을 방어하는 것이다"라고 말합니다.

이런 유형은 자신의 내적 불안을 들키지 않기 위해 다른 사람과의 갈등을 회피합니다. 그러나 주변 사람들과 늘 조화롭게 지낸다고 주장하는 사람에 대해 마르크 오레종은 "자기 내면을 솔직하게 드러내지 않는 것이므로, 결국 스스로를 속이는 것"이라고 말합니다.

이런 사람은 자신이 누구인지 알지 못한 채 진정한 자아와 분리된 왜곡된 정체성을 갖습니다. 이런 사람과 함께 있으면 뭔가 겉도는 기분이 들어서, 진정한 관계가 이루어지기 힘듭니다.

또한 자신을 주변 환경과 분리하고, 이방인처럼 살

아가는 사람들도 있습니다. 그들은 그 누구와도 진정으로 접촉하지 않습니다. 이것은 심각한 정신 질환의 징후입니다. 그들은 자기세계에 갇혀 살며 주위에서 벌어지는 갈등을 전혀 의식하지 않습니다.

인간은 갈등을 통해
신에게 다가간다

스위스의 정신의학자 카를 융Carl Jung은 갈등을 '자기로부터의 소외'라고 표현합니다. 인간이 느끼는 갈등은 인간의 본질에 속합니다. 인격을 구성하는 요소들이 음양처럼 대극을 형성하기 때문입니다. 사랑과 공격성, 사고와 충동, 이성과 감성처럼 인간은 언제나 대립하는 양극 사이에 놓여 있습니다.

융은 "기독교 윤리가 해결할 수 없는 갈등을 불러온다"고 주장합니다. 또한 "이런 충돌과 갈등은 견딜 만한 가치가 있다"라고 말합니다. 인간은 충돌과 갈등을 통해 신에게 더 가까이 다가설 수 있기 때문입니다.

그런 의미에서 십자가를 바라보는 심층심리학적 관점은 중요합니다. 융은 십자가를 대립의 전형으로 보았습니다. 십자가는 인간을 신의 수준까지 끌어올리고, 인간이 자신의 대립성을 견딤으로써 더 높은 단계, 바로 신의 단계에 도달하게 된다는 것입니다. 그러면서 "가장 극단적이고 위협적인 갈등 속에서 예수 그리스도는 십자가를 부숴 버리는 대신, 십자가에 못 박히는 고통을 견딤으로써 구원을 경험한다"라고 했습니다.

융에게 있어 인간 존재란 늘 갈등과 함께하는 것입니다. 자기 내면의 대립을 견디는 사람은 예수의 십자가와 함께하며, 예수를 통해 구원, 즉 온전함을 경험합니다.

융은 주로 개인을 다루었지만, 개인의 내면이 사회 현실에 미치는 영향력에 대해서도 설명했습니다. 사람과 사람 사이, 혹은 집단과 집단 간의 갈등은 곧 인간 내면의 갈등이 밖으로 불거져 나온 것이라고 얘기합니다. 즉 자신의 대립을 견디지 못하기 때문에 그것을 밖으로 투사한다는 것이죠.

그러다 보면 다른 사람이 가진 대립되는 의견과 부딪치게 되고, 결국 싸우게 됩니다. 우리는 다른 사람과의 갈등을 자신의 내적 대립을 비춰 주는 거울로 볼 수 있습니다.

우리 내면에서 대립하는 양극을 밖으로 투사하는 한 진정한 갈등 해소는 이루어질 수 없습니다. 다른 사람이나 다른 집단과의 갈등에서 자기 내면의 대립을 인식할 때 비로소 화해의 길이 열립니다. 그래서 자신의 내적 대립과 화해할 때 비로소 다른 사람과의 외적 대립과도 화해할 수 있습니다.

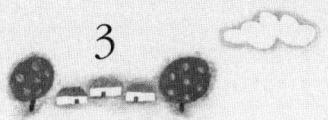

3

삶의 갈등을 해결하는
1500년의 지혜

성 베네딕트 규칙서, 갈등 해소를 위한 보고寶庫 | 기도하라, 분노가 가시처럼 상처 입히기 전에 | 연약한 영혼을 용서하라 | 사람을 잃지 말라 | 분노를 안고 잠들지 말라 | 고상한 척 말고, 겸손하라 | 갈등 해소를 위한 5가지 필요조건

"모든 이들이 들을 수 있도록 기도하라.
분노가 덮쳐 가시처럼 마음에 상처를 입히기 쉽기 때문이다."
(성 베네딕트 규칙서 13, 12)

성 베네딕트 규칙서,
갈등 해소를 위한 보고寶庫

인간이 갈등과 함께 존재해 왔다면, 역사 속에서 갈등을 해결하는 지혜를 살펴보는 것이 도움이 될 것입니다. 그중에는 수백 년 전통을 자랑하는 갈등 해소법이 있습니다. 베네딕트회(성聖 베네딕트가 529년 이탈리아의 몬테카시노에 창립한 수도회로, 후에 전 유럽으로 확산되었다. 성 베네딕트는 수도원 생활의 규범을 바탕으로 계율을 만들었으며, 모토는 '기도하고 일하라'이다. - 옮긴이)는 약 1500년 동안 성聖 베네딕트 규칙서에 따라 공동체 생활을 해오고 있습니다.

이탈리아, 스위스 그리고 프랑스에 있는 베네딕트 수

도원 대부분이 1천 년 이상의 전통을 자랑합니다. 성 베네딕트가 이 규칙서를 만들 당시는 민족 이동으로 지극히 혼란스러웠던 시기입니다. 분명 매우 다양한 사람들이 수도회에 들어왔을 테고, 당연히 모든 수도자가 무난한 성격은 아니었을 겁니다.

그때부터 오늘날까지 다양한 연령과 출신 배경, 서로 다른 인생 경험과 신앙 체험을 한 수도자들이 베네딕트회에서 함께 살아왔던 만큼 이곳은 갈등을 해결해 온 경험이 풍부합니다. 갈등 해소에 서툰 공동체였다면 지금까지 존속하지 못했을 테니까요.

베네딕트회의 경험은 오늘날의 교회는 물론이고, 가정이나 회사에도 유용한 팁을 제공할 것입니다. 베네딕트회에서 말하는 갈등이란 공동체 생활뿐 아니라, 업무 처리와 재정 운영과도 관련되어 있으니까요.

기도하라,
분노가 가시처럼 상처 입히기 전에

성 베네딕트는 공동체를 이상화하는 것을 철저히 금했습니다. 지나치게 높은 이상이 오히려 갈등을 회피하도록 할 수 있다는 생각 때문입니다. 어느 누구도 갈등 때문에 자기 집단의 이상이 무너지는 것을 원하지는 않을 테니까요.

한 수도원에서 제가 직접 경험한 일입니다. 안내 책자에서는 '높은 수준의 영성'을 선전하고 있었습니다. 하지만 실제로 그 공동체는 긴장의 골이 깊었고, 갈등으로 분열되어 있었습니다. 너무 그럴싸한 이상을 내세우는 집단에는 늘 갈등을 회피하게 만드는 위험이 도사리고 있습니다.

성 베네딕트는 공동체가 더불어 살아가는 방법과 일상의 갈등을 처리하는 방법에 대해 매우 겸손한 자세로 상세하게 기록해 두었습니다. 그는 현실주의자여서, 수도자들 사이에 늘 갈등이 있을 거라 예상했습니다. 비록 수도자들이 영적인 소명을 갖고 수도회에 들어와 하느님께 자신의 삶을 봉헌한다고 서약했다고 하더라도 그들 역시 감정과 욕구가 있는 인간임을 인정한 것입니다.

그래서 성 베네딕트는 수도자들에게 아침 기도와 저녁 기도를 마치며 주기도문을 모두가 들을 수 있게 큰 소리로 외우라고 합니다.

"모든 이들이 들을 수 있도록 기도하라. 분노가 덮쳐 가시처럼 마음에 상처를 입히기 쉽기 때문이다." (성 베네딕트 규칙서 13, 12)

연약한 영혼을 용서하라

주기도문에는 용서에 관한 다음과 같은 문구가 있습니다.

"저희에게 잘못한 이를 저희가 용서하오니, 저희 죄를 용서하시고……"

수도자는 이 문구를 되새기며 서로 용서해야 한다는 사실을 기억해 냅니다. 그래서 주기도문을 큰소리로 외우는 것은 베네딕트회의 정화 의식이 되었습니다.

성 베네딕트는 아빠스(abbas, 베네딕트 규칙서를 따르는 수도원의 수장에 대한 칭호-옮긴이)에게 공동체와 갈등을 겪고 소외감을 느끼는 수도자를 돌보는 임무를 부여했습니다.

"아빠스는 자신이 건강한 영혼을 다스리고 지배하는 것이 아니라 연약한 영혼들을 돌볼 책임을 지녔음을

알아야 한다."(성 베네딕트 규칙서 27, 6)

성 베네딕트는 아빠스에게 예수님처럼 길 잃은 양을 찾아 나서는 선한 목자가 되라고 합니다. 성 베네딕트 규칙서 27장에는 소외된 자를 위해 아빠스가 어떤 마음가짐을 가져야 하는지에 대해 나와 있습니다.

"그러므로 아빠스는 모든 면에서 현명한 의사와 같이 행동해야 하며, '셈펙타', 즉 지혜롭고 나이 지긋한 형제들을 보내어 흔들리는 형제를 남모르게 위로하도록 하고, 겸손하게 참회함으로써 마음을 움직여, 그가 지나친 슬픔에 빠지지 않도록 해야 한다."(성 베네딕트 규칙서 27, 2 이하)

사람을 잃지 말라

다른 수도자와 갈등이 생겼을 때, 그를 위로하고 격려하며, 그가 스스로 성찰하여 마음을 돌리도록 설득해 그 사람을 잃지 않는 것이 중요합니다. 갈등 때문에 수도자들이 슬퍼하거나 우울해지면, 공동체 전체에 우울한 기운이 감돌고, 공동체 생활에도 어두운 그늘이 드리워지기 때문입니다.

성 베네딕트는 규칙서 27장을 선한 목자의 비유로 끝맺습니다.

"아빠스는 아흔아홉 마리 양들을 산에 남겨 두고 잃어버린 한 마리 양을 찾아 나선 선한 목자를 본받아야 한다. 한 마리 양을 거룩한 어깨에 메고 다시 양의 무리로 데려올 만큼 그는 연약함에 대한 동정이 지극했다." (성 베네딕트 규칙서 27, 8 이하)

분노를 안고 잠들지 말라

성 베네딕트는 공동체를 이상화하지 않고 매우 현실적인 눈으로 바라봅니다. 그리고 수도자들 사이에 갈등이 생겼을 때 어떻게 행동해야 하는지 그 방법을 알려줍니다.

"다툰 사람과는 해가 지기 전에 화해하라." (성 베네딕트 규칙서 4, 73)

수도자들도 다툴 수 있습니다. 그러나 이 다툼이 늦은 밤까지 이어져서는 안 된다는 뜻입니다. 늦은 밤까지 이어지면 다툼이 마음속 깊은 곳에 새겨지게 됩니다. 드러내 놓고 화해하지 못하겠다면 마음속으로라도 화해를 해야 합니다. 분노를 안고 잠들면, 그 분노가 영혼을 해칩니다.

4세기경의 수사이자 정신의학자인 에바그리우스 폰티쿠스Evagrius Ponticus는 일찍이 이 사실을 알았습니다. 즉 분노를 안고 잠들면 편치 않은 꿈을 꾸게 되고, 다음 날 아침에도 마음이 무겁고 기분도 가라앉는다는 것을 말입니다. 그리하여 성 베네딕트는 그 사실을 규칙서에 남겼습니다.

그러므로 정화 의식을 통해 갈등으로 생긴 모든 분노와 원한을 없앤 다음 잠들도록 해야 합니다. 성 베네딕트는 이것을 산상 설교에 적용했습니다.

"악을 악으로 갚지 말라. 불의를 행하지 말고, 인내하고 참아라. 원수를 사랑하라. 악담을 악담으로 갚지 말고 오히려 축복하라."(성 베네딕트 규칙서 4, 29-32)

규칙서 7장에서 성 베네딕트는 겸손에 대해 말하며, 갈등을 통해 수도자들이 하느님께 더 가까이 다가가는 방법을 알려줍니다. 갈등은 겸손을 익히고 하느님의 사랑과 자비를 실천할 영적 기회라는 것입니다.

성 베네딕트는 시편 66장 10절을 수도자들에게 상기시킵니다.

"하느님, 당신께서 저희를 시험하시고 은을 단련하듯 저희를 단련하셨습니다. 저희를 그물에 걸려들게 하시고 무거운 짐을 허리에 지우셨습니다." (성 베네딕트 규칙서 7, 40)

갈등은 이렇듯 우리를 단련시키고, 이기적인 욕구를 정화시킵니다.

고상한 척 말고, 겸손하라

기독교 신자들은 흔히 자랑스럽게 말합니다.
"우리 기독교인은 서로 사랑합니다."
"우리는 서로 다투지 않습니다."
그러나 바로 이런 자세 때문에 갈등이 더욱 커진다는 역설이 있습니다. 이런 도덕적 요구가 어떤 폭력을 휘두르는지 전혀 감지하지 못한 채 말입니다.

'서로 다투지 않는다'는 생각을 고집하고 있으면 생각이 다르거나 갈등이 있을 때 "당신은 이웃을 사랑하라는 기독교 정신을 어겼다"라고 질책하기 쉽습니다. 그런 방식으로 모든 것을 조화로운 틀 안에 가두려 하고 대립을 무조건 억누르려 합니다.

성 베네딕트는 그런 면에서 상대방을 존중할 줄 아는 분이었습니다. 그는 초기 그리스도 공동체가 추구했던 공동체의 이상을 아주 잘 알았기 때문에 규칙서를 다음과 같이 끝맺습니다.

"서로 존경하기를 먼저 하고, 육체나 품행상의 약점들을 지극한 인내로 참아 견디며, 서로 순종하는 것을 겨루어라. 누구도 자신의 이로움을 좇지 말고, 오히려 남의 이로움을 따를 것이며, 이기적이지 않은 형제애를 베풀라."(성 베네딕트 규칙서 72, 4-8)

물론 성 베네딕트는 공동체가 이런 이상을 추구할지라도 그에 도달하기는 무척 어렵다는 것을 잘 알고 있었습니다. 그럴 때 필요한 것이 겸손한 마음입니다. 공동체에 분열이 일어나기 쉽고, 늘 하느님의 사랑이 필요함을 겸손하게 인정하며, 매일매일 겪는 갈등을 예수님의 지혜로 현명하게 해결할 준비를 하는 것입니다.

겸손은 자신과 공동체의 나약함을 인정하는 용기입니다. 겸손하게 자기를 낮추는 사람만이 단단한 땅을 딛고 설 수 있습니다.

겸손한 마음은 가정과 회사에서도 필요합니다. 회사

역시 '가장 성공적이고 시장을 선도하는 일류 기업'이라는 이상을 갖고 다른 모든 갈등을 덮어 버릴 위험이 있기 때문입니다.

종교 단체에서는 갈등을 회피하기 위해 신앙심, 기도 혹은 명상 안으로 도망치는 일이 많습니다. 갈등이 있을 때 기도하고, 기도를 통해 상황을 하느님께 맡기는 것은 물론 좋은 일입니다.

기도는 갈등을 명확히 하고 자기 감정을 객관적으로 보는 데 도움이 됩니다. 합리적이라 할지라도 나의 주장만 내세워서는 갈등을 해소할 수 없다는 사실도 깨닫게 합니다. 그러나 기도를 피난처로 생각해 도피해서는 안 된다고 켈너는 이야기합니다.

"기도가 환각제가 되어서는 안 됩니다. 안락한 피난처가 되어서도 안 됩니다. 능동적으로 갈등에 개입하여 상황을 바꾸는 것이 우리의 의무이기 때문입니다."

갈등이 있을 때 명상을 하는 것은 분명 좋은 일입니다. 명상을 통해 문제로부터 감정적 거리를 둘 수 있습니다. 그러나 명상이 도피처가 되어서는 안 됩니다.

한 여성이 저에게 이런 하소연을 한 적이 있습니다.

"남편은 저와 갈등이 생기면 언제나 지하실로 내려

가 명상을 해요. 그러면 저는 너무나 화가 납니다. '이 문제는 오로지 당신 문제다. 봐라, 나는 아주 평화롭다. 나는 명상으로 모든 걸 해결하잖아!' 하고 뻐기는 것 같거든요."

아내는 남편이 명상이라는 방패 뒤에 숨는다는 인상을 받습니다. 결국 남편은 자신의 행동거지와 신앙심을 앞세운 논쟁으로 화를 돋우고서 아내가 자기에게 다가서지 못하게 벽을 세웁니다. 갈등을 회피하는 것이지요. 또한 아내 위에 군림하려 듭니다. 명상을 통해 남편은 아내에게 이런 메시지를 전달합니다.

'나는 마음을 다스릴 줄 아는 고상한 사람이고, 당신은 지나치게 예민해서 피곤한 사람이야. 당신이 자신을 잘 성찰하기만 한다면 우리 관계는 아무 문제도 없을 거야.'

아내는 남편의 이런 태도가 오히려 갈등의 골을 깊게 한다고 생각합니다.

아내의 생각이 옳습니다. 성 베네딕트는 이런 식의 도피를 허용하지 않습니다. 수도자들은 갈등을 통해 서로를 배웁니다. 서로의 고유함을 인정함으로써 진실과 대면하게 됩니다.

개인이 신앙심을 앞세워 갈등에서 도망치듯 공동체도 갈등을 회피할 수 있습니다. 마치 갈등이 애초에 없었던 것처럼 행동하며, 스스로 만든 높은 이상을 위해 갈등을 회피합니다. 때로는 스스로 만든 이상에 도취되어 자각하지 못하기도 합니다.

그러나 너무 높은 이상에 사로잡힌 공동체는 환한 빛이 있으면 어두운 그림자도 있다는 사실을 인정하지 못합니다. 언제나 밝은 빛만 내세우려 합니다.

실제로 수도원에서 있었던 일입니다. 어두운 그림자를 인정하기 싫었던 어느 수녀원 원장은 수녀들뿐만 아니라 외부에도 수녀원을 '사랑의 집'이라 선포했습니다. 분명 아름답고 고귀한 이상입니다. 하지만 이 수녀원의 직원은 제게 이렇게 하소연을 한 적이 있습니다.

"수녀원이 사랑의 집이 된 이후로 수녀와 직원들 사이가 점점 더 냉랭해지고 있어요."

이상이 높을수록 어두운 그림자를 인정하기가 더욱 힘듭니다. 공동체가 자신을 너무 치켜세우면 언젠가는 내부에 인간적인 갈등이 생깁니다.

따라서 공동체에 대해 거창한 이미지를 세우는 얘기를 자주 하지 않는 편이 낫습니다.

갈등 해소를 위한
5가지 필요조건

오늘을 사는 우리도 성 베네딕트가 세운 규칙을 우리의 갈등을 해결하는 지혜로 충분히 활용할 수 있습니다. 그러려면 먼저 5가지 조건이 충족되어야 합니다.

첫째, 갈등을 평가하지 마십시오. 누가 옳고 누가 그른지 따지지 마십시오. 시시비비를 가리기보다 맑은 마음으로 갈등을 직시하십시오. 갈등을 한 개인의 잘못으로 이해해선 안 됩니다. 마치 절대 있어서는 안 되는 일처럼 비난 섞인 태도로 갈등을 대한다면, 갈등이 해소되기는커녕 오히려 더 심각해질 것입니다.

그러므로 갈등을 도전 과제로 여기고 겸손한 자세로 받아들이십시오.

둘째, 갈등 당사자 모두의 정당성을 인정하십시오. 저마다 자기 방식으로 생각하고 자기 의견을 주장하며 자기 이익을 위해 싸울 수 있는 것입니다. 당연히 당신과 생각이 같을 거라고 착각하지 마십시오. 그런 자세로는 결코 갈등을 해결할 수 없습니다. 그러나 대부분은 자기가 옳기 때문에 상대방이 생각을 바꾸어야 한다고 생각합니다. 그런 편견이 있기 때문에 옳고 그름의 판단 없이 갈등에 대처하기란 참으로 쉽지 않습니다.

셋째, 상대방이 진짜 하고자 하는 말이 무엇일까 생각해 보십시오. 그때 비로소 갈등을 통해 긍정적인 결과를 이끌어 낼 수 있습니다.

'그의 견해 속에는 실현되지 못한 소망이 숨어 있는 것은 아닐까?'

'공동체가 그 소망을 실현해 주지 못하기 때문에 공동체와 나에게 실망한 건 아닐까?'

'다른 사람들의 태도가 맘에 들지 않아 어깃장을 놓는 건 아닐까?'

'말 못할 다른 문제로 괴로워하면서 엉뚱한 방식으로 갈등을 일으키는 것은 아닐까?'

'가족이나 주위 사람들과 풀지 못한 문제가 있는 것은 아닐까?'

여기서 더 나아가 혹시 혼자 내적 갈등을 겪고 있는 건 아닐까 살펴야 합니다. 사람들은 내적 갈등을 밖으로 투사하는 일이 많기 때문입니다.

갈등 뒤에 숨어 있는 진실을 살필 때도 옳고 그름으

로 상대를 판단해선 안 됩니다. 오로지 상대가 왜 그렇게 행동하는지 이해하는 데 초점을 맞춰야 합니다.

넷째, 상대방의 입장과 주장, 그리고 그의 의견을 따랐을 때 예상되는 결과를 꼼꼼하게 따져 보십시오. 이렇게 하면 상대방을 존중하는 동시에 그가 자기 의견을 명확히 하도록 격려할 수 있습니다. 난처한 질문으로 상대방을 구석에 몰아넣어서는 안 되고, 그가 의견을 명확히 하도록 도와주는 데 초점을 맞춰야 합니다.

다섯째, 스스로를 꼼꼼히 점검하십시오.

'내 의견은 정말 객관적인가?'

'실현되지 못한 꿈, 억누른 욕구, 회피한 갈등이 숨어 있진 않은가?'

'이 갈등을 통해 나는 어떤 이익을 얻을 수 있는가?'

'나는 이것으로 무엇을 꾀하고 있는가?'

'내게 중요한 것은 좋은 해결책인가, 아니면 싸움에서 이기는 것인가?'

말하자면 갈등을 겪으며 내가 원하는 것을 명확히 하기 위해 스스로 이유를 찾아보는 것입니다. 갈등 뒤에는 실현되지 못한 소망과 욕망이 숨어 있는 경우가 종종 있습니다. 나는 이상적인 공동체를 바랐는데 공동체가 그 꿈을 실현시키지 못할 때도 갈등을 겪을 수 있습니다. 내가 이루지 못한 꿈을 상대방이 이룬 것 같을 때, 내가 포기했거나 여전히 바라지만 이루지 못한 무언가를 상대방이 실현했을 때, 그 사람과 갈등이 생길 수도 있습니다.

갈등을 무조건 부정적으로 보고 회피해 버린다면, 심층에 숨어 있는 진짜 마음을 놓칠 수 있습니다. 그러니 갈등이 생기면, 자신에게 집중하고 자기의 꿈을 다시 한 번 헤아려 보십시오.

갈등은 내 존재의 참모습을 이해하도록 이끄는 신호입니다. 갈등을 잘 짚어 보면 실현하지 못한 채 숨겨 두었던 내 꿈이 무엇인지를 알 수도 있습니다.

명심하십시오. 나의 꿈을 다른 사람에게 강요할 것이 아니라, 갈등을 해결해 나가면서 나의 꿈과 마주해야 합니다. 그래야 모두의 축복 속에서 꿈을 실현할 방법을 고민할 수 있습니다.

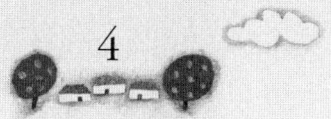

시기심과 폭력으로 상처 입은 카인과 아벨 이야기

승자 없이 패자만 남은 싸움 | 시기심, 오직 이기고 싶다는 강렬한 감정 |
힘에 무릎 꿇은 자, 다시 힘으로 이기려 한다 | 갈등의 뿌리 알아차리기
| 나를 시기하는 사람과 거리 두기

"가정이 무너지면 가족 모두가 큰 고통을 받습니다.
그것은 마치 큰 나무가 뿌리째 뽑히는 것과도 같습니다.
그러니 모두가 상처 입은 채 절뚝거리며 살 수밖에 없습니다."

승자 없이
패자만 남은 싸움

 두 사람 사이에 일어난 갈등으로 성경은 가장 먼저 카인과 아벨 형제의 이야기를 다룹니다. 형 카인은 밭을 가는 농부였고, 동생 아벨은 양을 치는 목자였습니다. 카인은 땅에서 난 곡식을, 아벨은 양을 하느님께 제물로 바쳤습니다. 성경은 하느님의 태도를 매우 인간적으로 묘사합니다.
 하느님은 아벨과 그가 바친 제물은 반기고, 카인과 그의 제물은 반기지 않았습니다. 하느님이 불공평한 걸까요?
 어쩌면 카인 스스로 두 제물을 비교하며 자신의 제

물을 하찮게 여겼을지도 모릅니다.

아무튼 형제의 갈등은 카인의 시기심에서 비롯되었습니다. 카인은 누가 봐도 부러울 만한 행운을 거머쥔 아벨을 시기합니다. 하느님은 카인에게 경고합니다.

"고개를 들어 나를 보라. 그리고 분노에 사로잡히지 말라."

분노 뒤에는 사탄이 숨어 있음을 아셨기 때문입니다.

하지만 카인은 하느님을 보는 대신 자신의 불리함과 열등함만을 봅니다. 그리고 분노에 차서 동생을 죽이고 맙니다. 폭력을 동원하여 갈등을 푼 것입니다.

아벨을 죽인 카인은 갈등에서 승리한 것처럼 보이지만, 그가 얻은 것은 오히려 자기의 땅에서 쫓겨나는 것이었습니다. 승리가 패배로 변합니다. 카인은 벌이 너무 무거워 견디지 못하겠다고 하느님께 하소연합니다.

"당신께서 오늘 저를 이 땅에서 쫓아내시니, 저는 당신 앞에서 몸을 숨겨야 하고, 세상을 떠돌며 헤매는 신세가 되어, 만나는 자마다 저를 죽이려 할 것입니다."
(창세 4, 14)

카인은 갈등을 해소하기 위해 살인을 선택한 대가로 벌을 받습니다. 다시는 인생의 기쁨을 누리지 못하게 된 것이지요. 평생 죄책감에 시달려야 했으니까요.

그러나 하느님은 그가 마땅히 치러야 할 대가를 감해 주십니다. 어느 누구도 카인을 죽이지 못하도록 이마에 낙인을 새깁니다.

카인은 하느님에게서 멀리 떨어진 에덴의 동쪽에 정착해 죄인으로 낙인 찍힌 채 홀로 살아가게 됩니다.

시기심, 오직 이기고 싶다는 강렬한 감정

카인과 아벨 이야기에서 우리는 갈등 해소를 어렵게 만드는 2가지 요인을 알 수 있습니다. 그것은 바로 시기심과 폭력입니다.

형제는 어릴 때부터 자주 다툽니다. 어른이 되면 부모의 유산이 걸린 문제를 두고 심각하게 싸우기도 합니다. 나중에 가서는 돈이 아니라 누가 더 부모에게 사랑 받는 자식이었나를 두고 따지게 됩니다.

이런 갈등은 대개 비참한 결과로 이어집니다. 형제들이 서로 말을 하지 않게 되고, 가족 전체가 서로 반목하게 되지요. 심하면 폭력을 쓰기도 합니다. 꼭 신체적

폭력이 아니더라도 폭언이 오가고 증오와 저주를 퍼붓습니다. 변호사를 구해 법정 싸움으로 몰아가고, 감당하기 어려운 변호사 비용을 청구해 상대방을 파산 위기로 몰아넣기도 합니다. 결국 이 진흙탕 싸움은 승자는 없고 패자만 있는 싸움이 됩니다.

가정이 무너지면 가족 모두가 큰 고통을 받습니다. 그것은 마치 큰 나무가 뿌리째 뽑히는 것과도 같습니다. 한 나무에서 뻗어 나간 뿌리가 잘려 나갔기 때문입니다. 그러니 모두가 상처 입은 채 절뚝거리며 살 수밖에 없습니다.

이 상흔은 시시때때로 마음의 통증으로 되살아납니다. 특히 부모가 돌아가신 뒤 형제자매가 서로 돕고 버팀목이 되어 주는 화목한 가정을 볼 때 부러움과 외로움이 밀려옵니다. 그리고 훗날 나이가 들면, '나를 걱정해 주는 형제가 아무도 없구나, 내가 믿고 의지할 사람이 아무도 없구나' 하고 쓸쓸한 마음이 들기도 할 것입니다.

이렇듯 갈등이 생겼을 때 폭력까지 쓰며 관계를 끊어 버린 경우에 치러야 할 대가는 너무나도 큽니다. 평생 지워지지 않는 아픈 기억으로 남을 것이고, 가족이

주는 따뜻한 위안과 격려를 잃게 되는 것입니다.

직장에서도 시기심은 여러 갈등의 주요 원인입니다. 시기심이 드는 사람과 갈등이 생기면 그와 객관적으로 대화할 수 없습니다. 시기심이라는 색안경을 쓰고 대화를 나누기 때문에 진실을 볼 수 없고, 시기심에 귀가 막혀 상대방의 얘기를 제대로 듣지 못합니다. 시기심에 사로잡혀 오직 상대를 누르고 싶다는 강렬한 감정만을 느낍니다. 따라서 시기심에 눈먼 사람이 갈등을 합리적으로 풀기란 어려운 일입니다.

직장에서 겪는 갈등의 절반 이상이 시기심 때문에 벌어집니다. 생산 직원은 편하게 일하는 연구 직원이나 '입으로' 일하는 마케팅 직원을 시샘합니다.

이때 마케팅부 직원이 생산부에 요구사항을 전달한다면 어떻게 될까요? 무언가 꼬투리를 잡아서 받아들이지 않거나 불가능한 요구라며 되돌려보낼 수도 있습니다.

이런 거절 뒤에는 시기심이 자리합니다. 시기심이 있는 집단이 그 대상이 되는 집단과 함께 공동의 해결책을 마련하기는 힘듭니다.

힘에 무릎 꿇은 자,
다시 힘으로 이기려 한다

갈등 해소를 어렵게 만드는 두 번째 요인인 폭력도 시기심에서 비롯됩니다. 갈등이 생겼을 때 힘으로 해결하려 하면 권력 다툼이 벌어지고, 오직 승패를 가리는 것만 중요해집니다.

그러나 카인과 아벨 이야기가 보여 주듯, 폭력적인 갈등 해소에는 진정한 승자가 없습니다. 겉으로 보기에는 카인이 승자처럼 보일지도 모릅니다. 카인은 살아 있고, 아벨은 죽었으니까요. 하지만 엄밀하게 말하면 둘 다 패자입니다. 아벨은 목숨을 잃었고, 카인은 자존감과 평안을 잃었습니다.

폭력으로 뜻을 관철시킨 사람은 완전한 행복을 얻을 수 없습니다. 남은 생애 동안 죄책감에 시달리고 평안을 잃게 됩니다.

심리학적으로 볼 때 폭력적인 해결은 또 다른 폭력을 부릅니다. 영원한 패자로 남고 싶은 사람은 없기 때문에 패자도 힘을 이용해 어떻게든 패배를 승리로 바꾸려 합니다.

이것은 역사에서 어렵지 않게 확인할 수 있습니다. 가령 프랑스와 독일은 2차 세계대전 이후 양국의 관계가 개선될 때까지 줄곧 서로를 '숙적'으로 여겼습니다.

이런 상황은 직장에서도 벌어집니다. 한 부서가 다른 부서를 힘으로 눌러 뜻을 관철시키려고 하는 한 갈등은 끊임없이 되풀이될 수밖에 없습니다. 그리하여 부서장이 동료인 다른 부서장을 시기한 나머지 계략을 써서 그를 궁지에 몰아넣는 일도 벌어집니다.

이런 갈등은 모두에게 깊은 상처를 남깁니다. 좋은 직원을 잃는 것으로 끝나지 않습니다. 다른 사람을 희생시켜 가며 자신의 커리어를 쌓은 사람도 결국 해를 입습니다. 그는 점점 더 외로워질 테고, 직원들의 신뢰와 지지를 잃게 될 것입니다. 다른 동료도 그가 사내에서 경쟁자에게 행사한 폭력을 똑같이 동원해 공격할지도 모릅니다.

결국 직원들의 팀워크가 깨지면서 부서장은 일을 추진하기 힘들어지고, 점점 더 많은 비용과 에너지가 소모될 것입니다.

갈등의 뿌리 알아차리기

시기심으로 인한 갈등 사례는 교회 내에도 많습니다. 중세시대에 이미 '성직자들 사이의 시기심'을 뜻하는 '인비디아 클레리칼리스invidia clericalis'라는 말이 등장했을 정도입니다.

어떤 신부가 이웃 성당에 신도가 더 많이 찾아오는 걸 시기합니다. 이 신부는 급기야 이웃 성당의 신부를 헐뜯기 시작하고, 이웃 성당의 신부가 부정한 방법으로 사람들을 성당으로 끌어 모은다며 비난합니다.

시기심을 가진 사람의 특징이 시기하는 대상의 가치를 떨어뜨리려고 한다는 겁니다. 그렇다고 자신이 행복해지는 것도 아닌데 말입니다.

사제와 신자 사이에서도 시기심이 일어날 수 있습니다. 어떤 신자가 신부보다도 강론을 잘하면, 시기심을 가진 신부는 사제라는 신분을 앞세워 신자 위에 군림하려 하고 신자에게 강론을 아예 맡기지 않거나 별로 중요하지 않을 때만 허락합니다.

시기심에 의한 갈등은 근본적인 원인이 밝혀지지 않는 한 결코 풀 수 없습니다. 어떻게 보면 더 많은 신도를 가진 신부나 강론을 잘하는 신자가 문제의 근원이라고 생각할 수도 있습니다.

그러나 시기심에 사로잡힌 상대를 만족시키기 위해 스스로를 초라하게 만들어서는 안 됩니다. 그것은 자신뿐 아니라 공동체 전체를 해치는 일이기 때문입니다.

이런 갈등은 시기하는 사람 스스로가 시기심에서 벗어날 때 문제를 해결할 수 있습니다. 시기심이 일어났을 때, 먼저 자신의 시기심을 성찰할 수 있어야 합니다. 즉 다른 사람이 강론을 더 잘하고, 더 인기가 많으며, 더 성공하면 내 배가 아프다는 걸 뼈아프게 알아차려야 합니다. 스스로 부족한 것을 보며 애석하게 생각해야 합니다. 그러한 고통을 거치고 난 다음에야 영혼의 근원에 다가가 자신과 화해할 수 있고, 온전히 자신을 느끼게 됩니다. 이때 비로소 다른 사람이 어떤지는 그리 중요하지 않게 됩니다.

자신의 존엄성을 아는 사람만이 다른 사람의 능력을 인정하고 존중할 수 있습니다. 자신의 가치를 아는 사람은 다른 사람의 가치도 인정할 수 있습니다. 따라서 남을 험담할 필요도 없는 것입니다.

갈등의 뿌리인 시기심이 사라져야 비로소 갈등이 해

소될 수 있습니다. 시기심을 버리면 갈등도 저절로 없어집니다.

이웃 성당에 신도가 많은 건 객관적으로 볼 때 갈등의 요소가 아닙니다. 있는 그대로 받아들이고 각자의 방식으로 미사를 드리면서 강론을 하면 그만입니다.

나를 시기하는 사람과
거리 두기

만약 상대방이 끝내 시기심을 버리지 않으면 어떻게 해야 할까요? 남은 방법은 하나뿐입니다. 시기하도록 내버려 두는 것입니다. 이때 미안해 하거나 위축될 필요 없습니다. 어차피 상대방은 계속 시기심에 사로잡혀 있을 테니까요.

쓸데없이 미안해 하거나 위축되면 스스로를 해치게 됩니다. 그러면 삶을 있는 그대로 살 수 없게 됩니다. 이때는 상대방과 마음의 거리를 두십시오. 아무리 좋은 마음으로 대해도 상대방이 나를 시기하는 것은 안타까운 일이지만 어쩔 수 없습니다.

시기하면 하는 대로 그냥 두십시오. 나는 내 삶을

살면 됩니다. 다른 사람의 시기심을 자극하기 싫다고요? 그렇다고 자신의 재능과 실력을 감춰선 안 됩니다.

만약 나를 시기하는 사람을 만났다면 우선 거리를 두십시오. 그런 다음에는 상대방의 장점을 찾아 인정해 주십시오. 그는 관심과 인정이 필요한 사람일지도 모릅니다.

하지만 어쩌면 그는 관심과 인정을 받아들이지 않을지도 모릅니다. 그때도 그대로 두십시오. 갈등을 없애려 공연히 자신을 낮추진 마십시오.

회사에서의 사례를 하나 살펴볼까요? 한 여성이 저를 찾아와 직장에서 겪는 고충을 털어놓았습니다. 그녀는 동료들의 시기 때문에 괴로워했습니다. 그 이유는 고객들이 그녀만 찾는다는 것이었습니다. 아마도 매우 친절한 직원이었나 봅니다. 그녀는 확실히 사람의 마음을 편하게 하는 인상이었습니다. 동료들은 좋은 인상으로 고객들의 사랑을 독차지하는 이 직원을 시기했습니다.

이 경우 그녀는 어떻게 해야 할까요? 시기하는 동료에게 고객을 양보하기 위해 일부러 불친절해지는 건 당연히 좋은 방법이 아닙니다. 그러면 자신이 불행해지기 때문입니다. 또한 그런 방법은 시기하는 동료에게도 도움이 되지 않습니다.

그녀는 동료를 자극하지 않으려고 가급적이면 동료의 눈에 띄지 않으려 애썼다고 합니다. 그러나 동료가 더 이상 시기하지 않도록 하기 위해 투명인간처럼 굴어서는 안 됩니다.

근본적으로는 동료가 자신의 문제를 스스로 인정할 때 해결할 수 있습니다. 시기심 없이 다른 사람들의 우위와 성공을 인정할 수 있어야 합니다.

시기심에 휩싸여 갈등을 일으키는 사람은 언제나 패자일 수밖에 없습니다. 그가 시기심을 갖고 있는 한 늘 마음이 소용돌이쳐서 자신을 괴롭히고, 다른 사람까지 해치며, 급기야 회사 전체를 갈등의 도가니로 밀어 넣게 됩니다.

5

질투의 파괴적인 힘

동생이 복수를 포기한 이유 | 갈등 속에서 피어나는 삶의 희망 | 가족의 갈등 구조 이해하기 | 직장 갈등에 숨어 있는 질투 | 종교 단체 안에도 질투와 시기는 있다

"그분께서는 악인에게나 선인에게나
당신의 해가 떠오르게 하시고,
의로운 이에게나 불의한 이에게나 비를 내려 주신다."
(마태 5, 45)

  요셉과 형제 사이에 일어난 갈등은 질투 때문입니다. 질투는 미움을 낳습니다. 이것은 창세기에 잘 나와 있습니다.

  "그의 형들은 아버지가 어느 형제들보다 요셉을 더 사랑하는 것을 보고 그를 미워하여, 그에게 정답게 말을 건넬 수가 없었다." (창세 37, 4)

  요셉은 천진난만하게도 형들이 자신에게 허리를 굽히는 꿈에 대해 말합니다. 당연히 형들은 질투심을 느낍니다.

  "형들은 그를 시기하였다." (창세 37, 11)

  시기와 질투, 미움이란 세 감정 때문에 형들은 동생 요셉을 죽이기로 합니다. 아버지가 요셉을 형들에게 보내 목장을 어떻게 운영하는지 살펴보고 오라고 하자,

형들은 동생을 죽일 좋은 기회로 여깁니다.

그러나 두 형은 이 계획에서 빠집니다. 맏형 루벤은 요셉을 구하고 싶었고, 유다는 제 손에 피를 묻히고 싶지 않았던 것입니다. 유다는 요셉을 죽이기보다는 노예로 팔자고 다른 형제들을 설득합니다.

결국 형들은 미운 동생을 눈앞에서 없애 버리는 동시에 돈까지 벌 수 있는 방법을 선택하게 됩니다.

동생이 복수를 포기한 이유

동생 요셉을 구하려 한 루벤과 유다는 결국 구원을 받습니다. 요셉을 살려준 덕분에 굶어죽을 위험에서 벗어날 수 있었던 것입니다.

하느님은 부정을 저지른 형들에게 오히려 축복을 내립니다. 하느님은 인간을 그렇게 다스립니다. 하느님은 요셉에게 화해의 의미를 가르칩니다.

하지만 화해가 가능했던 것은 요셉의 형들이 스스로 잘못을 깨달았기 때문입니다. 참회하는 형들을 보고 요셉은 복수를 포기합니다. 성령은 요셉이 형들을 용서할 수 있는 힘을 줍니다.

요셉은 자신의 정체를 숨긴 채 형들이 시기심과 증오심을 버렸는지 시험해 봅니다. 막내 벤야민은 옛날 요셉처럼 야곱의 편애를 받습니다. 하지만 형들은 이제 아버지가 가장 사랑하는 아들을 없애려 들지 않습니다. 오히려 형들은 벤야민과 힘을 합칩니다. 형들은 요셉에게 저지른 잘못을 통해 교훈을 얻은 것입니다.

유다도 벤야민을 위해 나섭니다. 유다는 벤야민이 노예로라도 곁에 있게 해달라고 요셉에게 청합니다. 형들이 과거의 잘못을 통해 교훈을 얻었고, 벤야민을 진심으로 위하는 것을 확인한 요셉은 더는 그들을 시험하지 못하고 큰소리로 울며 말합니다.

"제가 형님들의 아우 요셉입니다. 형님들이 이집트로 팔아넘긴 그 아우입니다. 그러나 이제는 저를 팔아넘겼다고 해서 괴로워하지도, 스스로에게 화를 내지도 마십시오. 우리 목숨을 살리시려고 하느님께서는 저를 여러분보다 앞서 보내신 것입니다." (창세 45, 4-5)

구약성경 연구가 아드리안 솅커Adrian Schenker는 요셉과 형들의 화해에 대해 이렇게 말합니다.

"만일 형들이 여전히 과거의 증오심에 휩싸여 있었더라면 요셉의 용서를 이해하지 못했을 것이고, 받아들이지도 않았을 것이다. 형들은 성공한 동생 앞에 겉으로만 무릎을 꿇을 뿐, 마음속으로는 여전히 강한 적의를 품고 요셉을 없애 버릴 두 번째 공격을 시도했을 것이다."

요셉의 시험을 통해 형들은 질투심과 미움을 버리고 요셉의 화해를 진심으로 받아들일 수 있었습니다.

하느님은 요셉과 형들, 모두에게 변화를 주셨습니다. 약자였던 요셉을 승자로 만들어 복수심을 갖지 않게 하셨습니다. 피해자였던 요셉은 하느님을 믿으며 상황이 변할 수 있다는 걸 경험했습니다. 또한 하느님은 요셉에게 다른 형제들을 용서할 힘을 주셨고, 형제들이 화해할 수 있는 마음을 내도록 하셨습니다.

갈등 속에서 피어나는 삶의 희망

요셉과 형들의 갈등은 후에 이스라엘 민족에게 큰 기회가 되었습니다. 그들은 극심한 기근이 들었을 때 이집트에서 식량을 얻게 되어 굶어죽지 않을 수 있었습니다. 또한 야곱은 아들들을 데리고 이집트로 건너

갔고, 그곳에서 이스라엘 민족은 더 강건해졌습니다.

이 과정에서 민족의 정체성이 발달했습니다. 약자였던 요셉은 강자가 되었습니다. 요셉은 파라오를 대신하여 온 이집트 땅을 통치했고, 이집트의 경제를 책임지게 되었습니다.

우리는 갈등을 통해 이런 희망을 가져야 합니다. 하느님의 축복으로 갈등을 잘 해결하여 모두가 이익을 얻고, 자신과 소속 집단의 새로운 가능성을 발견하리라고 말입니다.

가족의 갈등 구조 이해하기

요셉과 형들이 겪은 갈등의 밑바탕에는 아버지 야곱과 자식들 사이의 갈등이 자리하고 있습니다. 형들은 요셉만 질투한 게 아닙니다. 아버지가 요셉의 모든 응석을 받아 주면서 편애한 반면, 다른 아들들에게는 힘든 일만 시켜 화가 난 것입니다.

가족들 사이에서 벌어지는 갈등은 흔히 이런 구조를 띱니다. 형들은 아버지나 어머니에게 복수하려고 막내를 공격합니다. 실은 아버지나 어머니를 괴롭히기 위해 막내를 공격하기도 하고 못살게 굴기도 합니다.

요셉과 그의 형들이 겪은 가족의 갈등은 자식들이 부모를 측은하게 여길 때 비로소 해결됩니다.

부모 역시 부족한 사람이고, 외로움을 느끼는 약한 존재입니다. 그래서 배우자에게서 충족되지 못한 사랑을 자식에게 기대하기도 합니다. 또 이루지 못한 꿈을 자식을 통해 보상받으려고도 하지요. 이미 커버린 자식들에게 실망한 부모는 어린 막내에게 기대를 걸거나 그를 편애하는 경우가 많습니다.

이렇듯 완전하지 못한 부모의 마음을 이해하고 이상적인 부모에 대한 환상을 거두면, 있는 그대로의 부모가 보이기 시작합니다. 이때 부모자식 간의 갈등은 누그러집니다.

가족 간에 존재하는 갈등은 부모가 돌아가신 후에야 끝을 맺는 경우가 많습니다. 반대로 또 다른 갈등이 시작되기도 합니다. 부모가 돌아가시면 형은 부모를 대신해 동생을 돌볼 의무감을 느낍니다. 그것이 부담스러워 동생들을 무정하게 대하기도 합니다. 동생들은 형이 갑작스럽게 비판하고 평가하며 꾸지람하는 모습에 당황하고 상처를 받습니다.

형의 그런 행동에는 이유가 있습니다. 보통 어린 시절 부모로부터 충분히 사랑을 받지 못했다고 느껴서 원망하는 마음 때문이거나, 동생들을 돌봐야 한다는 책임감 때문인 경우가 많습니다. 그런 원망과 책임감이 뒤섞여서 동생들을 무정하게 대하는 것입니다.

또한 형은 부모가 자기에게만 엄격했고, 동생들에게는 늘 자상했다고 기억합니다. 동생들을 질투하여 생긴 미움으로 인해 무정하게 행동하기도 합니다.

그리하여 형은 스스로 불행해지고, 동생들로부터 멀어지게 됩니다. 결국 형은 부모의 죽음 이후에도 여전히 피해자가 되어 억울하다고 느낍니다.

동생들이 형을 거부하고 멀리하는 것은 사실 형 스스로 초래한 일입니다. 동생들이 아무리 노력해도 갈등은 해소될 수 없습니다. 형 스스로 내적 갈등을 해소할 때 동생들과의 관계도 개선될 수 있습니다.

직장 갈등에 숨어 있는 질투

요셉의 이야기에서 묘사된 갈등은 직장에서도 그대

로 나타납니다. 팀장과 유난히 사이가 좋거나 팀장이 특별히 아끼는 직원은 동료들에게 미움을 받습니다. 동료들은 알게 모르게 그 직원을 괴롭힐 뿐 아니라 중요한 정보를 숨겨 실수를 유도하기도 합니다. 이것은 정확히 말하면 직원을 괴롭히면서 팀장에게 저항하는 것입니다. 한 직원만 편애하는 팀장에게 앙갚음을 하려는 것이지요.

이런 갈등은 언뜻 보기에 직원들만의 문제처럼 보이기 때문에 쉽게 해소되지 않습니다. 그러나 갈등의 뿌리에는 팀장과의 갈등이 숨어 있습니다. 다만 대부분 이것을 인지하지 못할 뿐입니다. 먼저 누구를 겨냥한 공격인지 명확히 알아야 갈등을 제대로 해소할 수 있습니다.

이 경우 팀장의 편애가 섭섭하고 자신도 팀장의 관심을 받고 싶다고 명확히 표현해야만 갈등이 해소될 수 있습니다.

팀장들은 대개 무의식적으로 편애하기 때문에 그 사실을 스스로 인지하지 못하는 경우가 많습니다. 이때 팀장에게 편애하고 있다는 것을 알려주어야 팀장은 자기 태도를 깊이 성찰하고 고칠 수 있습니다. 그러면 팀장이 편애하는 직원과 동료 간의 갈등도 누그러질 것입니다.

어느 날 대기업에서 여러 부하직원을 거느린 생산직 관리자들이 저를 찾아왔습니다. 직원들을 대상으로 설문조사를 했는데 아주 나쁜 점수를 받았다고 합니다. 그들은 직원들을 잘 이끌려고 최선을 다했는데도 나쁜 점수를 받았다며 억울해했습니다. 많은 노력을 기울이고도 나쁜 점수를 받은 탓에 마음에 상처를 받은 것입니다. 그러면서 앞으로 직원들을 어떻게 대해야 할지 몰라 막막해했습니다. 한마디로 의욕을 잃은 것이지요.

오랜 상담 후에야 그들은 자신들 개인 때문이 아니라 기업 운영 때문에 나쁜 점수를 받게 되었다는 사실을 깨닫게 되었습니다. 그들은 단지 속죄양에 불과했던 것이지요. 기업의 경영진을 향한 불평이 그들에게 전가되었던 것입니다.

이것을 분리해서 인지하지 못하면, 마치 엉뚱한 나사만 계속 조이는 것처럼 갈등을 해소하려는 모든 노력은 허사가 됩니다.

종교 단체 안에도
질투와 시기는 있다

종교 단체 안에서도 갈등의 당사자가 누구인지 정확히 살펴봐야 합니다. 직원들 사이의 갈등인지, 아니면 교회 지도자와의 갈등인지, 혹은 직원들이 업무 규정을 잘못 이해해서 생긴 갈등인지 말입니다.

사목司牧 보조자(독일 가톨릭교회 내의 직업으로, 신학대학에서 정규교육을 받은 후 교회에 임용되어 사목 활동을 보조한다.-옮긴이)와 교구 담당자 사이에서 생긴 갈등을 예로 들어봅시다.

교구 담당자는 자기 업무를 모두 사목 보조자에게 떠넘기고 회의 중에도 당면 과제들을 나 몰라라 했습니다. 어쩔 수 없이 사목 보조자 혼자 많은 일을 도맡아 처리해야 했지요.

평소 갈등을 싫어하던 신부는 이 일에 관여하지 않고 그냥 보고만 있었습니다. 교구 담당자가 사목 보조자를 희생시키면서 편하게 지내는 걸 방관한 것입니다. 이 갈등은 불꽃 없이 연기만 내며 오랫동안 타들어갔습니다.

이 갈등에는 두 직원뿐 아니라 신부도 연루되어 있습니다. 그러나 신부는 누구의 편도 들고 싶지 않았습니다. 그래서 마치 자신은 갈등과 전혀 무관한 사람처럼 행동했습니다. 실제로 신부는 자신이 갈등에 연루되어 있다는 것을 전혀 감지하지 못했습니다.

그러나 사목 보조자는 신부의 태도에 실망했고, 갈등의 골은 더욱 깊어졌습니다. 그는 신부가 교구 담당자 편이라고 느꼈습니다. 신부가 교구 담당자의 모든 불평을 귀담아 듣고 동조했으니까요.

이것은 세 사람 사이의 갈등일 뿐만 아니라 사목 보조자의 내적 갈등이기도 합니다. 사목 보조자는 성실한 사람으로 공동체에 도움이 되고 싶었고, 그래서 점점 더 많은 업무를 맡았습니다.

그러나 시간이 지날수록 자꾸 자기의 업무를 떠넘기는 동료에게 화가 났고, 결국에는 그에 대한 미움이 생겼습니다.

사목 보조자는 자기 자신의 소망, 신자들의 요구, 좋은 업무 분위기를 유지하며 신부와 원만한 관계를 맺으려는 욕구 등 다양한 요인들 때문에 갈등을 겪었습니다. 즉 자신의 욕구와 신부와의 좋은 관계 사이에서 스스로 갈등을 겪은 것입니다. 사목 보조자는 인정받고 싶은 욕구 때문에 남의 일까지 점점 더 맡게 되었고, 결국 감당할 수 없는 지경에 이른 것이지요.

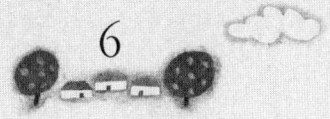

6

역할 갈등은 서로의 기대가 다를 때 생긴다

너와 나의 기대가 다를 때 나타나는 충돌 | 신임 팀장과 팀원 사이의 갈등 | 한계선을 정하고 타인의 요구에 무작정 끌려가지 않기 | 불평불만에 대처하는 법 | 변화를 두려워하는 사람들을 넘어서기 | 기도는 상대를 보는 내 안의 시선을 바꾸는 것 | 자신과 타인을 억압하지 않는 온유함 | 진정한 지도자는 일을 나눌 줄 아는 사람 | 인정받기 위해 자신을 희생하지 말라

"온유한 사람은 '이것이 아니면 저것이다' 하는
이분법적 함정에 빠지지 않습니다.
마음속의 불편함을 외면하거나 회피하지도 않습니다."

너와 나의 기대가 다를 때
나타나는 충돌

한 개인의 내적 갈등뿐만 아니라 가정과 회사, 교회 같은 사회적 관계에서 생기는 갈등도 주어진 역할 때문에 생겨납니다. 내가 생각하는 나와 다른 사람이 생각하는 나, 내가 나에게 거는 기대와 다른 사람이 내게 거는 기대 사이에 마찰이 생기는 겁니다.

그러다 보면 회사에서 맡은 역할과 가정에서 맡은 역할 사이에서 균열이 생기고, 공적 역할과 사적 역할이 일치하지 않게 됩니다.

성직자의 경우 목사나 신부로서의 역할과 한 인간으로서의 역할 사이에 괴리가 생길 수 있습니다. 목사나 신부로서는 완벽하게 성직자 역할을 수행하지만 한편으로 인간적 욕구와 대립된 기분을 느끼기도 합니다. 경찰은 근무할 때 경찰이지, 집에서는 경찰이 아닙니다. 집에서도 경찰 역할을 하려 든다면 아내와 아이들이 불평하게 될 것입니다. 교사 역시 집에서는 교사 역할을 내려놓아야 합니다. 아이들은 시도 때도 없이 점수를 주고 평가하는 교사가 아니라 따뜻한 아버지, 어머니를 원합니다.

이처럼 많은 사람들이 역할 갈등을 느끼고, 언제 어떤 역할을 수행해야 할지 모르는 경우가 많습니다.

모세의 이야기에도 역할 갈등이 나옵니다. 평범한 이스라엘 사람이 어느 날 갑자기 민족 전체를 대표하여 그들을 이집트에서 탈출시키는 막중한 책임을 떠맡게 되면서 갈등이 생깁니다. 지극히 평범했던 사람이 갑자기 지도자가 되었기 때문입니다. 하느님의 부르심이 모세를 역할 갈등에 빠뜨립니다.

하느님이 모세를 불러 이스라엘의 백성을 이집트에서 탈출시키라고 명합니다. 모세가 근심하며 하느님께 묻습니다.

"제가 무엇이라고 감히 파라오에게 가서, 이스라엘

자손들을 이집트에서 이끌어낼 수 있겠습니까?" (탈출 3, 11)

모세는 지도자 역할을 수행할 자신이 없었습니다. 그러자 하느님은 모세에게 힘이 되어 주겠다고 약속합니다. 모세는 다시 묻습니다.

"제가 이스라엘 자손들에게 가서, '너희 조상들의 하느님께서 나를 너희에게 보내셨다' 하고 말하면, 그들이 저에게 '그분 이름이 무엇이오?' 하고 물을 터인데, 제가 그들에게 무엇이라고 대답해야 하겠습니까?" (탈출 3, 13)

이에 하느님은 자신을 '야훼'라고 말하며 "나는 있는 나다"라고 대답합니다. (탈출 3, 16)

그러나 모세는 여전히 자신이 없습니다. 이스라엘 백성들이 그의 말을 믿지 않으면 어쩌나 걱정합니다.

그때 하느님이 모세에게 지팡이를 건넵니다. 지팡이를 땅에 던지면 뱀이 되고, 뱀의 꼬리를 잡으면 다시 지팡이가 됩니다.

모세는 이 마술을 통해 자신이 하느님의 부름을 받은 사람임을 이스라엘 백성에게 보일 수 있습니다. 그럼에도 모세는 여전히 자신이 없습니다.

"주님, 죄송합니다. 저는 말솜씨가 없는 사람입니다. 어제도 그제도 그러하였고, 주님께서 이 종에게 말씀하시는 지금도 그러합니다. 저는 입도 무디고 혀도 무딥니다." (탈출 4, 10)

그러자 하느님은 말솜씨가 좋은 아론을 모세 곁에 두십니다.

신임 팀장과 팀원 사이의 갈등

직장에서도 어느 날 갑자기 팀장이 된 사람들은 대부분 모세의 입장이 됩니다. 그들은 자기에게 지도 능력이 없다고 생각하고 옛 동료들을 어떻게 대해야 할지 난감해합니다.

지금까지 동료로서 서로를 지지해 주며 원만히 지내던 사람이 갑자기 지도자가 되면, 달라진 역할 때문에 부담스럽고 불안한 것이 당연합니다. 모세는 마법의 지팡이를 얻었지만 그는 마법의 도구도 가지고 있질 못합니다.

하지만 하느님께서 힘이 되어 줍니다. 그것이면 충분

합니다. 스스로 약하다는 생각이 들면 그 약함을 보완해 줄 누군가를 찾아야 합니다. 한 사람의 지도자가 모든 걸 할 수는 없으며, 또한 그럴 필요도 없습니다.

소속 부서에서 승진하여 팀장이 되면, 직원들은 여전히 예전 동료를 대하듯 하고, 그가 팀장의 역할을 수행하려고 하면 변했다느니, 거만해졌다느니 뒷말을 하거나, 더 나아가 옛정을 운운하며 이익을 취하려 합니다. 그러면서 동료들은 제멋대로 일을 처리하려고 합니다. 어차피 팀장이 '친한 친구'인데 누가 그들을 막겠습니까!

이때 신임 팀장은 갈등에 빠집니다. 팀장 역할을 하긴 해야겠는데, 그러자니 옛 우정을 잃고 외톨이가 될 것 같기 때문입니다.

경영권을 물려받은 사주의 아들딸들도 이와 비슷한 경험을 하게 됩니다. 그들은 어렸을 때부터 직원들을 잘 알고 지냈습니다. 그런데 이제 나이가 지긋한 직원들의 상사가 되어야 합니다. 그들도 모세처럼 새로운 역할을 받아들여야 합니다. 그것은 관계의 변화를 의미합니다. 더 이상 편한 친구 혹은 사주의 어린 아들딸로 남을 수는 없습니다.

지도자의 역할을 맡으면 외로울 수도 있습니다. 하지만 그 외로움을 받아들여야 합니다. 그러지 못하면 지도자가 될 수 없습니다. 편하고 친하게 지냈던 사람들 앞에 갑자기 지도자로서 홀로 서는 일은 결코 쉽지 않지만 새로운 역할에 따라 변화해야 합니다.

역할 갈등은 각기 다른 기대에서 비롯되는 갈등이기도 합니다. 팀장이 스스로에게 거는 기대와 직원들이 팀장에게 거는 기대는 종종 다릅니다. 모세 역시 이런 기대의 차이에서 비롯된 갈등을 겪습니다. 이스라엘 백성은 모세에게 비현실적인 기대를 겁니다. 그리고 모세와 과거 공사 감독을 비교하지요. 모세가 이스라엘 백성에게 자유를 주었음에도 오히려 그들은 예전이 나았다며 과거를 그리워하면서 말입니다.

이스라엘 백성은 과거 이집트에서 과중한 노동과 공사 감독의 혹독한 지배 아래 신음했습니다. 그런데 사막을 지나 자유의 땅으로 향하는 지금, 그들은 옛날을 이상화하고 그리워합니다. 계속해서 하느님과 모세에게 투덜댑니다. 모세가 그들을 위해 한 일에 고마워하기는커녕 오히려 이집트에서 보낸 시절이 좋았다고 불평합니다. 그땐 모든 게 나았다느니, 마실 것과 먹을 것이 충분했었다느니……. 그들은 이집트 시절을 회상하며 아쉬워합니다.

"우리가 이집트 땅에서 공짜로 먹던 생선이며, 오이와 수박과 부추와 파와 마늘이 생각나는구나. 이제 우리 기운은 떨어지는데, 보이는 것은 이 만나(mama, 모세의 지도 아래, 이집트를 탈출한 이스라엘 백성이 광야에 이르러 굶주릴 때 하느님이 내려준 신비로운 양식)뿐, 아무것도 없구나!" (민수 11, 5-6)

모세는 갈등이 있을 때마다 하느님께 큰소리로 하소연합니다. 그러면 하느님은 이스라엘 백성의 허기를 달랠 방법과 갈등을 해결할 방법을 알려줍니다.

하느님은 모세에게 기적의 힘을 줍니다. 모세가 지팡이로 바위를 때리면 물이 흘러나오고, 만나가 하늘에서 눈처럼 내립니다. 메추라기 떼를 보내 이스라엘 백성 모두를 배불리 먹이기도 합니다.

그러나 이스라엘 백성의 불평은 사라지지 않습니다. 모세가 다시 하느님께 하소연합니다.

"어찌하여 당신의 종을 괴롭히십니까? 어찌하여 제가 당신의 눈 밖에 나서, 이 온 백성을 저에게 짐으로 지우십니까? 제가 이 온 백성을 배기라도 하였습니까?

제가 그들을 낳기라도 하였습니까? 그런데 어째서 당신께서는 그들 조상들에게 맹세하신 땅으로, 유모가 젖먹이를 안고 가듯, 그들을 제 품에 안고 가라 하십니까?"(민수 11, 11-12)

한계선을 정하고 타인의 요구에 무작정 끌려가지 않기

모세와 이스라엘 백성의 갈등은 부모자식 간의 갈등을 연상시킵니다. 부모는 자식을 위한 일이라면 무슨 일이든 하려 듭니다. 하지만 부모의 노고에 감사할 줄 모르고 요구와 불평만 늘어놓는 자식들에게 섭섭해하기도 하지요.

자식들을 위해 모든 희생을 아끼지 않았는데, 자식들은 고마워하기는커녕 계속 뒷바라지해 주길 바라고, 더 많은 용돈과 아낌없는 칭찬을 기대합니다. 그러면 부모는 모세와 비슷한 기분을 느낍니다.

'모든 것을 주었는데 돌아오는 건 불평뿐이라니……'

허탈함과 억울함이 밀려옵니다. 자식들에게 이용당한 기분마저 듭니다.

이스라엘 백성은 계속해서 먹을 것과 마실 것을 달라고 아우성칩니다. 돈을 더 달라고 아우성치는 자식들처럼 말입니다. 자식들은 자기를 위해 혹은 애인을 위해 뭔가 사려 하고, 부모가 감당하기 어려운 사치를 꿈꿉니다.

자식들의 요구는 끝이 없습니다. 한계에 도달한 부모는 화가 나고 모세처럼 우울해집니다. 결국 '자식 농사를 잘못 지었구나' '어디서부터 잘못 되었을까' 자신에게 물으며 회한에 젖습니다.

어떤 부모는 자식을 잃게 될까 두려워 자식의 요구에 질질 끌려다닙니다. 어디까지 응해야 할지 한계선을 정해 딱 잘라야 하는데 그렇게 하지 못합니다.

어느 날 한 어머니가 제게 아들에 대해 상담했습니다. 아들이 계속 공부만 하려 한다는 겁니다. 대학을 졸업했으면 취직을 해야 하는데, 전공을 바꿔 다시 대학을 다니겠다고 합니다. 그렇다고 공부를 열심히 하는 것도 아니어서 남들보다 훨씬 오래 걸려 대학을 졸업했습니다. 게다가 걸핏하면 돈을 요구합니다. 어머니가 거절을 하면 아들은 불같이 화를 냅니다. 어머니는 아들을 달래기 위해 결국 돈을 줍니다. 어머니는 아들을 감당할 수 없어 무력감을 느낍니다. 그리고 죄책감도 듭니다. 도대체 어디서부터 잘못된 걸까요?

이럴 땐 기도가 도움이 됩니다. 하느님이 마법의 주문으로 갈등을 없애 주기 때문이 아니라, 기도를 통해 갈등을 하느님께 맡길 수 있기 때문입니다. 자식 교육에서 느끼는 절망도 하느님께 맡길 수 있습니다.

그러면 자식에 대한 걱정을 덜고 자기 자신에게 충실할 수 있습니다. 하느님이 내게 원하는 것, 내 영혼 깊은 곳에 자리 잡은 소망에 귀를 기울일 수 있습니다. 그리고 기도 중에 깨달은 걸 실천하게 됩니다. 아들의 압박에 휘둘리지 않도록 명확한 한계를 정하는 것입니다. 그러면 마침내 길이 보이고, 갈등은 해소됩니다.

처음엔 아들이 불만을 터뜨릴지도 모릅니다. 하지만 언젠가는 한계를 인정할 수밖에 없습니다.

기억하십시오. 내적으로 의지를 다지고, 외적으로 단호함을 유지하며, 다른 사람의 감정적 폭발에 휘둘리지 않을 때에만 이것이 가능하다는 사실을 말입니다.

불평불만에 대처하는 법

직장에서도 모세와 이스라엘 백성 사이의 갈등이 종종 벌어집니다. 직원들을 위해 모든 노력을 기울이고 직원들의 복지를 최우선으로 지원했지만 직원들이 고마워하기는커녕 불평불만만 늘어놓고 요구만 점점 늘어난다면, 사장은 모세와 같은 심정이 될 것입니다.

직원들을 위해 최선을 다했는데, 돌아오는 건 불평불만뿐이라니……. 사장은 화도 나고 마음의 상처도 받게 됩니다.

성경에서는 자신의 욕구와 실망 모두를 하느님께 물어보라고 가르칩니다. 하느님은 늘 공평한 자리에 저울추를 옮겨 놓습니다. 그러면서 하느님은 인간이란 늘 불평만 하고 하느님의 은총에 만족하지 못하며 더 많은 은총을 바라는 존재임을 일러줍니다.

기도를 통해 하느님께 모든 걸 맡기면, 직원들의 불평에 대처하는 새로운 길을 발견할 수 있습니다. 기도를 통해 모세처럼 기적의 힘을 얻을 수는 없지만, 우리는 하느님 앞에서 그날의 문제로부터 거리를 둘 수는 있습니다.

하느님은 기도 중에 종종 창의적인 해결책을 알려줍니다. 기도를 하다보면 불평하는 직원들에 대한 실망과 분노에서 점차 벗어나게 됩니다. 그러니 믿으십시오. 상황을 있는 그대로 하느님께 맡기면 실망감과 불쾌감 없이 직원들을 대하는 최선의 방법을 찾게 되리라는 사실을 말입니다.

감사 인사를 듣거나 인정을 받지 못하더라도 묵묵히 기도하고 그 안에서 길을 찾으십시오. 다른 사람들의 인정을 받으려 연연하지 마십시오. 그러지 않으면 계속해서 비틀거려야 합니다.

결국 이 길이 우리 모두를 최종 목적지로 인도하리라 믿으며, 하느님이 주신 소명에만 집중하십시오.

변화를 두려워하는 사람들을 넘어서기

모세는 계속해서 이스라엘 백성과 갈등을 겪습니다. 이스라엘 백성이 계속해서 현재와 과거를 비교하기 때문입니다.

적자에 허덕이는 아버지의 회사를 물려받아 정상

궤도에 올려놓은 사주의 아들도 이런 갈등을 겪습니다. 어렵게 회사를 살려 놓았더니, 직원들은 계속해서 옛날이 좋았다며 불평불만을 늘어놓습니다.

"그땐 모든 게 지금보다 나았어."

"그땐 세상이 정상이었지."

직원들은 파산 직전까지 갔던 과거는 언급하지 않습니다. 이런 반응에 상처를 입은 사주의 아들은 더욱 더 열심히 회사를 위해 일합니다. 그러나 직원들은 여전히 옛날을 그리워합니다. 아마도 회사를 살리기 위해 사주의 아들은 몇몇 직원들이 누리던 특권을 없앴을 겁니다. 그 과정에서 불만을 품은 사람들이 생겨났을 테지요. 아버지가 경영할 때 특권을 누렸던 사람들이 노골적으로 옛날 관행을 고집하기도 하고 아들의 경영 방침을 암암리에 방해하기도 합니다.

그러면 이것은 역할 갈등을 넘어 과거와 미래의 갈등, 관행과 새로운 변화의 갈등, 현실 안주와 발전적 미래의 갈등이 됩니다. 이런 갈등을 해소하기란 쉽지 않습니다. 그래서 지치기 쉽습니다.

사주의 아들은 직원들이 과거를 이상화하며 그리워할 때, 그것을 자신에 대한 비난으로 받아들이는 대신,

그들이 새로운 것을 받아들이는 데 어려움을 겪는 것으로 이해해야 합니다. 나아가 직원들의 저항을 극복하고 그들을 발전의 길로 이끌려면 창의적인 해법이 필요합니다.

새로 부임한 신부도 이와 비슷한 과정을 거칩니다. 신임 신부는 늘 전임 신부와 비교됩니다. 놀랍게도 신자들은 과거의 어려움을 모두 잊고 좋았던 일만 기억합니다.

"예전엔 모든 게 좋았는데……."

새로운 것에 저항하기 위해 과거를 왜곡하는 것입니다. 해방의 길이 너무 고되었던 나머지 이스라엘 백성도 이집트 시절을 미화했습니다.

팀장 혹은 신부와 교구 담당자, 사목 보조자가 새로 오면 사람들은 늘 전임자를 그리워합니다. 그런 까닭에 이미 공동체의 체계가 잡힌 곳에 새로이 발을 들이기는 쉽지 않습니다.

모두의 기대를 채우려 하거나, 모세처럼 하느님의 명을 따라 새로운 곳으로 여러 사람을 안내해야 할 때, 사람들은 갈등에 빠질 수밖에 없습니다. 이것은 내가 나에게 거는 기대와 다른 사람이 내게 거는 기대의 차이에서 오는 갈등입니다.

기도는 상대를 보는
내 안의 시선을 바꾸는 것

모세의 훌륭한 점을 꼽는다면, 아무리 고되어도 이스라엘 백성에 대한 책임감을 버리지 않은 것입니다. 계속 실망하고 기분이 상하고 화가 나더라도 모세는 자신의 책임과 소명을 잊지 않았습니다. 깊은 절망에 빠졌을 때도 모세는 하느님께 호소합니다. 그러면 하느님은 어김없이 모세에게 길을 알려주고 무엇을 해야 할지 말해 줍니다.

기도에는 2가지 효과가 있습니다. 기도는 자기 책임을 인식하게 해줍니다. 또한 모든 짐을 홀로 지지 않아도 된다는 사실을 알려줍니다.

기도는 상대방을 보는 내 안의 시선을 바꿔 줍니다. 상대방을 적으로 보지 않게 해줍니다. 모세는 이스라엘 백성을 위해 기도하고 그들을 대표하여 하느님 앞에 섭니다.

이렇듯 기도는 갈등 해소에 도움이 되지만, 상대방

이 마침내 깨닫고 내 의견에 동의하게 해달라고 기도해선 안 됩니다. 오히려 상대방을 위해 기도해야 합니다. 상대가 하느님의 축복으로 마음의 평화를 얻고 그것을 통해 모든 일이 하느님의 뜻대로 이루어지기를 기도해야 합니다. 하느님이 내 편이 되어 힘을 발휘해 주길 기도해선 안 됩니다.

기도를 통해 모든 걸 하느님 뜻에 맡깁니다. 갈등으로 괴롭지만 그것마저도 하느님께 맡깁니다. 기도하며 하느님의 뜻대로 갈등을 해결하도록 마음을 내려놓습니다.

당연히 하느님은 나를 위해 마법을 부려 갈등을 없애 주지 않습니다. 그러나 기도를 하면서 나는 다른 시선으로 상대방을 보게 되고, 다른 태도로 갈등에 임할 수 있습니다. 그러면 내 앞에 선 사람은 무찔러야 할 적이 아니라 하느님의 축복을 받은 귀한 사람이 됩니다.

자신과 타인을
억압하지 않는 온유함

모세가 이스라엘 백성의 모든 저항과 갈등을 마침내

해결할 수 있었던 건 그의 온유함 덕분입니다.

온유한 사람은 '이것 아니면 저것이다' 하는 이분법적 함정에 빠지지 않습니다. 마음속의 불편함을 외면하거나 회피하지도 않습니다. 자기 마음을 억누르는 사람은 결국 다른 사람에게 그것을 투사합니다. 그러면 상대는 격렬히 다퉈야 하는 적이 되고 맙니다.

그런데 우리는 자신의 마음속에 있는 불편한 면을 상대방에게 투사하여 싸우고 있다는 사실을 깨닫지 못합니다. 이런 상태에서는 갈등을 해소할 수 없습니다. 무의식이 너무 많이 작용하기 때문입니다.

온유한 사람은 다른 사람과 다툴 때 다툼의 원인이 일정 부분 자기에게도 있음을 늘 인식합니다. 그래서 겸손하고 부드럽게 반응할 수 있습니다. 이것은 모든 상황을 그냥 방치하는 '소심함'이나 '비겁함'과는 다릅니다.

모세는 열심히 싸웠고, 자신의 화를 솔직하게 표현했습니다. 그러나 온유함이 있었기에 이스라엘 백성을 해방으로 이끌었고, 자신의 책임과 소명을 포기하지 않을 수 있었습니다. 그는 이스라엘 백성의 불평을 대하며 하느님에 대한 자신의 불평을 보았고, 그때마다 하느님을 찾아가 큰소리로 기도하여 해결책을 찾을 수 있었습니다.

진정한 지도자는
일을 나눌 줄 아는 사람

모세는 이스라엘 백성을 위해 짊어진 책임과 그 때문에 발생한 문제 사이에서 갈등을 겪습니다. 팀장이나 경영자 혹은 사제들도 이런 갈등을 겪을 때가 있습니다.

그들은 기업 혹은 교회를 위해 열심히 일하고자 합니다. 그러나 어깨를 짓누르는 과중한 책임과 수많은 요구들 때문에 힘겨워하다가 결국엔 나가떨어지게 됩니다. 지도자가 책임감에 사로잡혀 다른 사람과 일을 나누지도 못하고, 전권을 위임하지도 못할 때 갈등은 더욱 커집니다.

사제들 중에는 절대적 지배권을 가지려 하거나 아무리 바빠도 모든 일을 자신이 직접 처리해야 직성이 풀리는 사람들이 많습니다. 그런 사람들은 교회에 일이 생기거나 도움이 필요한 곳이면 언제 어디든 자기가 직접 가야 한다고 생각합니다. 자기들만이 신자들의 기대를 채울 수 있다고 착각하기도 합니다. 추도사마저도 자신이 가장 잘할 것이라 생각해 평신도에게 맡기지 못합니다. 물론 신도들도 평신도보다 사제가 해주길 바라는 건 사실입니다. 그렇다고 해도 전방위로 활동하는 사제들은 언젠가 지쳐 쓰러지게 됩니다.

대부분의 경영자들도 모든 일을 직접 해결하려는 태도를 갖는 경우가 많습니다.

어느 중년 남자가 자그마한 회사를 차렸습니다. 이 남자는 직원들을 가족처럼 위하고, 심지어 직원의 가족들에게까지 책임감을 느낍니다.

그러나 처음 마음먹은 것처럼 모든 것을 직접 해결하기란 점점 힘이 듭니다. 그만큼 부담감은 커집니다. 모든 책임을 혼자 져야 한다는 부담에서 벗어나 중요한 과제를 다른 사람에게 위임하는 것이 모두를 위한 길입니다. 하지만 그것을 실천하기란 말처럼 쉽지 않습니다.

모세의 경우, 사람들의 다툼과 소송이 너무 많아 직접 다 해결해 줄 수가 없기 때문에 갈등이 생깁니다. 이스라엘 백성은 모세가 모든 분쟁을 해결하고 잘잘못을 가려주길 기대합니다. 그러나 모든 분쟁을 모세 혼자서 감당하는 것은 그뿐 아니라 이스라엘 백성에게도 힘든 일입니다.

"모세가 백성을 재판하려고 자리에 앉았다. 그리고 백성은 아침부터 저녁까지 모세 곁에 서 있었다." (탈출 18, 13)

이것을 보고 모세의 장인이 말합니다.

"자네가 일하는 방식은 좋지 않네. 자네뿐만 아니라 자네가 거느린 백성들도 결국 지쳐 버리고 말걸세. 이것은 자네 혼자 처리하기에는 힘겨운 일이네." (탈출 18, 17-18)

그러면서 모세의 장인은 이렇게 제안합니다.

"하느님을 경외하고 진실하며 부정한 소득을 싫어하는 유능한 사람들을 가려내어, 천인대장, 백인대장, 오십인대장, 십인대장으로 세우고, 백성들이 가져오는 크고 작은 분쟁들을 재판하도록 시켜 짐을 나누게." (탈출 18, 21)

이 제안을 받아들인 모세는 마침내 지도자 본연의 임무에 충실할 수 있게 됩니다.

오늘날에도 많은 지도자들이 모세와 같은 갈등에

빠집니다. 그들은 직원들을 위해 모든 것을 처리합니다. 그러나 자신이 얼마나 큰 부담에 짓눌려 있는지 인식하지 못합니다. 그러면 결국 직원들에게도 도움이 되지 못합니다. 지도자의 내적 긴장이 직원들에게 영향을 미치기 때문입니다.

지도자가 부담감에 짓눌리게 되면 예민해지고 자주 화를 내게 됩니다. 또 무의식중에 직원들을 공격하게 됩니다. 그런 공격적인 태도로 직원들을 통솔할 수는 없습니다.

지도자는 마음에 공격심이 생기면 자신을 더 잘 보살피라는 신호로 받아들여야 합니다. 지도자가 자신을 보살피는 것이 직원들을 진짜 돕는 길입니다. 왜냐하면 갈등에 좀 더 여유롭게 대처할 수 있기 때문입니다.

혼자서 책임을 질 것인가, 다른 사람과 책임을 나눌 것인가? 이러한 문제는 결국 역할 갈등에서 비롯됩니다. 모든 일을 혼자 책임지고 맡아 하는 것을 지도자의 역할로 착각하기 때문입니다.

혼자 모든 책임을 짊어져야 한다는 부담감에서 벗어나야 비로소 다른 사람에게 일을 맡길 수 있습니다. 그리고 지도자는 다른 사람에게 일을 적절하게 맡길 수 있어야 관리나 조정 같은 지도자 본연의 임무를 수행할 수 있습니다.

애석하게도 대부분의 지도자들이 다른 사람과 책임을 나누지 못합니다. 힘들더라도 계속해서 혼자 모든 걸 책임지려 하고, 직접 처리하려 합니다. 그리고 그것이 직원들에 대한 의무라고 믿습니다.

그러나 지도자들이 모르고 있는 것이 있습니다. 그들이 책임을 나누지 않음으로써 내적 갈등을 점점 키우고 있다는 사실입니다. 이런 내적 갈등은 결국 질병, 완전한 소진 상태 혹은 우울증으로 발전하게 됩니다.

인정받기 위해
자신을 희생하지 말라

모세는 하느님께 자기는 젖먹이 아이를 안은 유모가 아니라며 따집니다. 그러나 결국 모세는 이스라엘 백성에게 생기는 모든 일을 어머니처럼 나서서 돌봅니다. 이것은 교회에서 자주 생기는 갈등의 원인이 되기도 합니다.

사제는 교회를 위해 모든 일을 계획하고 처리합니다.

그리고 교회가 화목한 가정처럼 보이기를 바랍니다. 이런 사제들은 교회가 어머니처럼 모든 걸 베풀어야 하며, 또 그럴 수 있다고 생각합니다.

그러나 교회는 어머니가 아니라는 걸 인정해야 합니다. 교회는 저마다 문제를 갖고 있는 사람들이 모인 곳입니다. 교회라는 공동체는 갈등으로 가득한 집단입니다. 사제가 자기 스스로를 어머니라고 생각하고 모두를 돌보려 한다면, 언젠가는 갈등에 빠질 수밖에 없습니다. 그리고 모든 갈등을 해결할 능력이 그에겐 없습니다. 결국 그는 갈등 상황에서 마치 모세처럼 화를 내게 되겠지요.

"나는 그들에게 내 모든 걸 주었건만 겨우 이게 그 보답이란 말인가!"

계속해서 먹을 것과 마실 것을 달라고 아우성치던 모세의 백성들처럼 신자들은 불평불만을 내놓습니다. 사제는 신자들의 불평불만을 더는 견디지 못하는 때가 옵니다. 더는 줄 수도 없습니다. 스스로 완전히 소진되고 맙니다.

저는 교회를 위해 자신을 희생하는 사제들을 자주 만납니다. 그때마다 저는 한 심리치료사의 말을 전합니다.

"많은 것을 내주는 사람은 많은 것을 필요로 합니다."

대부분의 사제들이 교회에 많은 것을 내줍니다. 신자들이 많은 것을 필요로 하기 때문이죠. 사제들은 인정과 애정, 인기를 필요로 합니다. 그것을 얻기 위해 자신이 가진 것, 할 수 있는 모든 것을 내주었는데, 필요한 것을 얻지 못하면 모세처럼 화가 나기도 하고, 때로는 신자들이 배은망덕한 것처럼 느껴집니다.

만약 갈등이 생겼다면, 사제는 자아상을 바꿔야 합니다. 어머니가 자식을 대하듯 신자를 다루려는 마음, 지칠 때까지 모두에게 잘하려는 마음을 버려야 합니다. 지도자로서 부담을 느끼지 않으려면 경계를 확실히 할 필요가 있고, 이때 남성적 이미지가 필요합니다. 양떼를 이끄는 목자, 혹은 백성을 통치하는 왕의 이미지가 도움이 됩니다.

그렇다고 남성적인 면만 발달시켜선 안 되겠지요. 남자든 여자든 남성적 이미지와 여성적 이미지, 둘 다 지녀야 좋습니다. 왜냐하면 남성적인 '경직'과 여성적인 '굴종'으로부터 자신을 보호할 수 있기 때문입니다.

아무튼 모세는 위대한 예언가이자 십계명을 전하는 역할을 맡은 사람으로 후대에 전해졌고, 오늘날에도 여전히 칭송받고 있습니다. 모세가 보였던 약점들은 모두 잊혔습니다.

'시라크의 지혜'라고도 불리는 집회서에서는 모세에 대해 이렇게 말합니다.

"주님께서는 모세의 충실함과 온유함을 보시고 그를 거룩하게 하시어 만인 가운데에서 그를 선택하셨다. 그에게 당신 목소리를 듣게 하시고, 어두운 구름 속으로 그를 인도하셨다. 모세와 얼굴을 마주하여 계명을 주시고 생명과 지식의 율법을 주셨다. 그리하여 야곱에게 계약을, 이스라엘에게 당신의 법령을 가르치게 하셨다." (집회 45, 4-5)

모세는 늘 하느님의 음성에 귀 기울였고, 이스라엘 백성을 지도했습니다. 덕분에 이스라엘 백성은 스스로에 대한 정체성과 훌륭한 문화를 갖출 수 있었습니다. 그것이 바로 모세가 남긴 위대한 업적입니다.

지도자는 추진력도 가져야 하지만 그보다는 매일매일 반복되는 일상의 갈등을 넘어설 수 있는 지혜를 갖춰야 합니다. 그래서 시라크는 특히 현명한 통치자를 칭송했습니다.

"지혜로운 판관은 자신의 백성을 가르치고, 지각 있는 자의 통치는 질서 있게 이루어진다." (집회 10, 1)

그러므로 훌륭한 지도자인가 아닌가는 갈등을 해소하는 능력을 갖추는 것뿐만 아니라, 그러한 능력으로 공동체와 조직의 미래에 큰 축복을 가져올 수 있느냐로 판가름 납니다.

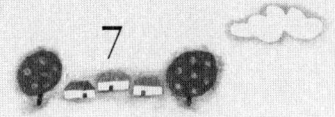

7

가까운 관계일수록
더 많은 갈등이 숨어 있다

가까운, 그러나 재물 앞에선 너무 먼 관계 | 가까울수록 일의 영역은
분명하게 | 부모와 자식의 적당한 거리 | 분배 갈등이 생겼을 때

"자식이 장성하면 부모와 자식 사이에는 거리가 필요합니다.
부모가 다 큰 자식 가까이 지내면서 모든 걸 알려고 하고
함께하고 싶어 하면 반드시 갈등이 생깁니다."

가까운, 그러나 재물 앞에선 너무 먼 관계

 갈등은 주로 서로 이해하지 못하거나, 다른 사람들의 감정과 생각을 모른 채 거리를 두어서 생깁니다.
 반면 아버지의 기업을 물려받아 같이 경영하는 형제, 한집에 사는 자매, 한 회사에서 경영자와 직원으로 일하는 친구 간의 갈등은 너무 가깝게 지내다 보니 생겨납니다.
 아브라함과 롯의 이야기는 가까운 관계에서 생기는 갈등을 잘 보여 줍니다.
 아브라함에게는 롯이라는 조카가 있습니다. 롯의 아버지 하란은 아브라함의 동생인데, 일찍 죽었습니다.

그런 까닭에 아브라함이 조카를 거두어 키웠습니다. 아브라함은 롯을 데리고 갈대아 지방의 우르를 떠나 가나안 지방의 하란으로 이주했습니다.

그 후 하느님의 명을 받고 아브라함은 다시 하란을 떠나 세겜, 베델을 거쳐 마지막으로 네겝에 정착했습니다. 아브라함과 롯은 많은 가축을 길렀습니다.

"아브라함과 함께 다니는 롯도 양과 소와 천막들을 가지고 있었다. 그래서 그 땅은 그들이 함께 살기에는 너무 좁았다. 그들의 재산이 너무 많아 함께 살 수가 없었던 것이다. 아브라함의 가축을 치는 목자들과 롯의 가축을 치는 목자들 사이에 다툼이 일어나기도 하였다. 그때 그 땅에는 가나안 족과 프리즈 족이 살고 있었다. 아브라함이 롯에게 말하였다. '우리는 한 혈육이 아니냐? 너와 나 사이에, 그리고 내 목자들과 너의 목자들 사이에 싸움이 일어나서는 안 된다.'" (창세 13,5-8)

그리하여 아브라함과 롯은 서로 다른 길을 걷기로 하고 각자 살기 좋은 땅을 고르기로 합니다. 롯이 먼저 물이 넉넉한 요단 지역을 선택합니다.

가까울수록 일의 영역은 분명하게

아브라함과 롯의 이야기에는 이중 갈등이 숨어 있습니다. 하나는 친척 간의 갈등입니다. 친척이 함께 살면서 한 회사나 농장을 운영한다면 어떨까요? 친척이니 남보다 더 나을까요? 서로 다른 두 영역이 겹치면 갈등이 좀 더 쉽게 생깁니다. 친척 관계와 공동 경영자라는 관계는 서로 다른 영역에 속합니다.

한 마을에 아버지의 기업을 물려받은 형제가 살았습니다. 처음에는 서로 도와가며 기업을 잘 운영했습니다. 그러나 곧 갈등이 생겼습니다. 형은 재무를, 동생은 기술과 생산을 담당했는데, 언제부터인가 동생이 형에게 업무상 중요한 정보를 알려주지 않으면서 문제가 생긴 것입니다. 그러다 보니 동생은 형보다 자신의 지위가 낮다고 여기게 되었고, 형의 부하직원이 된 것 같아 기분이 나빴던 것입니다.

형제의 관계가 틀어지면서 기업 상황도 악화되었습니다. 회사에서는 공과 사를 구분해서 형제 관계와 사업이라는 두 영역을 명확히 분리해야 합니다. 형제로서 우애를 지키면서 동업에도 성공하려면 남보다 더 경계가 확실해야 합니다. 같은 부모에게서 태어난 형제라고 해서 저절로 서로를 이해하게 되는 건 아닙니다. 형제도 같은 영역에서 부딪치게 되면 금세 라이벌 관계가 될 수 있습니다. 형제가 장기적으로 동업에 성공하려면, 형제이기 때문에 특히 더 거리를 둬야 하고, 각자 짊어질 책임도 명확히 나눠야 합니다.

형제는 사이좋게 잘 지내지만 그 아내들의 사이가 나쁜 사례도 있습니다. 이럴 때 형제는 어찌해야 할 바를 모릅니다. 아내 편을 들고 싶지만 한편으로는 우애도 지키고 싶어 합니다.

감정을 배제하고 문제를 객관적으로 바라보는 것은 결코 쉬운 일이 아닙니다. 그래서 사람들은 대개 아브라함과 롯처럼 헤어지는 방법을 선택하게 되지요. 기업을 둘로 나누든, 책임 영역을 확실히 분리하여 충돌을 피하려 합니다.

일로 얽힌 관계에서 사적으로 가까운 사이는 갈등을 불러올 수 있습니다. 가족이 가깝게 살며 좋은 관계를 유지할 수도 있지만, 반대로 서로에게 부담이 될 수도 있기 때문입니다.

사이좋게 지내려는 마음은 훌륭하지만 현실적으로

는 별 소용이 없습니다. 다투고 싶지 않다고 마음만 먹을 게 아니라 근본적인 해결책을 찾아야 합니다. 헤어지는 것도 현실적인 해결책 중 하나입니다. 각자 제 영역에서 제 역할을 할 수 있게 적당한 거리를 유지하는 것입니다.

부모와 자식의 적당한 거리

자식이 장성하면 부모와 자식 사이에는 거리가 필요합니다. 부모가 다 큰 자식 가까이 지내면서 모든 걸 알려고 하고 함께하고 싶어 하면 반드시 갈등이 생깁니다. 부모는 좋은 마음으로 그렇게 하지만 자식은 간섭받는 기분이 듭니다. 자식은 한편으로 부모의 도움을 원하지만 다른 한편으로는 부모로부터 독립하고 싶어 합니다.

그러므로 부모와 자식은 건강한 거리를 유지하는 것이 좋습니다. 적당히 거리를 두면, 아버지와 아들 혹은 어머니와 딸의 관계가 더 좋아집니다. 가족이라는 이름으로 늘 함께하려고만 하면 오히려 싸움이 끊이지 않을 것입니다. 서로가 약간 떨어져 지낼 때 서로를 애틋하게 여기고 더 잘 이해할 수 있게 됩니다.

수도자들도 너무 가까이 지내다 보면 갈등이 생겨납니다. 모든 걸 함께해야 한다고 생각하는 수도자들이 있는데, 너무 가깝게 지내면 사적인 문제로 갈등이 생겨서 공동체에 좋지 않은 영향을 줄 수 있습니다. '따로 또 같이'를 적절하게 실천할 때 적당한 거리감을 갖고 더불어 잘 살 수 있습니다.

모든 인간은 자기를 실현할 자신만의 영역이 필요하고, 동시에 서로 협동하여 풍요롭게 가꿀 공동의 영역이 필요하기 때문입니다.

분배 갈등이 생겼을 때

아브라함과 롯의 두 번째 갈등은 분배 문제에서 생겨났습니다. 두 사람이 지내기에는 땅이 좁다 보니, 우물을 누가 사용할 것인가를 두고 다툼이 벌어지기도 합니다.

오늘날에도 이런 갈등을 쉽게 찾아볼 수 있습니다. 이를테면 두 명이 경영하기에는 기업이 너무 작습니다. 이럴 땐 한정된 재화를 공정하게 분배하고 있는지, 혹은 갈라서는 것이 더 깔끔한 해결책일지 잘 생각해 봐야 합니다.

다툼이 잦다 보면 갈등의 골이 깊어져서 도저히 화합하기 어려운 상태가 됩니다. 그러면 아무리 좋은 마음에서 화합을 외쳐 봐야 서로에게 도움이 안 됩니다.

좋은 관계를 해치는 조건들이 몇 가지 있습니다. 이럴 때에는 함께 모여 앉아 머리를 맞대고 객관적으로 사고해야 합니다. 책임과 업무를 확실히 나누고, 재화를 공정하게 분배할 방법을 생각해야 합니다.

성경의 해결책은 이렇습니다. 연장자인 아브라함이 조카 롯에게 지역 선택권을 줍니다. 롯이 먼저 선택을 하면 아브라함이 나머지를 취하기로 합니다. 롯은 물이 많고 비옥한 요단 지역이 좋아 보여서 그곳을 선택합니다. 하지만 몇 년 후 그곳 주민들, 특히 소돔과 고모라 사람들이 악인이라는 사실을 알게 됩니다.

하느님이 두 도시를 파괴하려고 하자, 아브라함은 하느님께 부탁하여 롯과 그의 두 딸을 구해 줍니다.

아브라함의 해결책은 회사나 교회 내의 갈등에서도 효과가 있습니다. 회사나 교회에 대해 불평하는 사람들에게 먼저 선택권을 주십시오.

"원하는 게 뭡니까? 당신이 생각하고 있는 해결책이 있습니까?"

상대방에게 아무것도 강요하지 않고 자유로운 선택을 하도록 허락합니다. 그리고 그의 선택을 받아들입니다. 그렇지만 상대방의 제안이 너무 부적절해 보이거나 모든 이익을 혼자 취하려 드는 방법이라면 당연히 문제 제기를 할 수 있습니다. 이때 즉각적으로 반대 의사를 표시하기보다는 상대방의 제안을 따랐을 때 초래될 결과를 보여 주는 것이 좋습니다. 이 선택이 어떤 결과를 가져올 거라 예상하는지 상대방에게 물어보면 더욱 좋습니다. 그는 미처 결과를 예상하지 못하고 제안했을지도 모르기 때문이지요.

상대방은 내 질문 덕분에 자신이 어떤 선택을 하려 했고, 그 결과는 어떨지 좀 더 확실히 생각해 보게 됩니다. 그러면 자신이 제안한 해결책이 정말 최선인지 다시 따져볼 수 있습니다.

이런 과정을 거친 후 우리는 자신 있게 결정할 수 있습니다.

"좋습니다. 그 방법대로 한번 해봅시다."

하지만 여전히 이용당하거나 속은 기분이 든다면 당

신의 감정을 솔직하게 얘기해도 됩니다. 이때는 양쪽 모두가 만족할 수 있는 해결책을 다시 찾아볼 수 있습니다.

경영의 세계에서 분배를 둘러싼 갈등은 일상적인 것입니다. 나눌 수 있는 '파이'는 한정되어 있는데 모두 가장 큰 조각을 갖고자 하기 때문에 다툼이 생깁니다. 두 기업이 같은 상품을 생산할 때도 분배 갈등이 생깁니다. 소비자들이 계속해서 구매량을 늘리지 않을 것이므로 기업은 판매량을 두고 분배 갈등을 겪습니다.

1위 자리를 두고 겨루는 경쟁자들도 분배 갈등을 겪기는 마찬가지입니다. 1위 자리 역시 한정되어 있으니까요. 모두가 1위 자리에 오를 수는 없고, 모두 리더가 될 수도 없습니다. 더군다나 최고 자리를 놓고 겨루는 경쟁자들이 아브라함과 롯처럼 평화롭게 합의하기란 쉽지 않습니다.

만약 분배 갈등이 생겼다면 비록 갈라져 각자 제 갈 길을 가더라도, 각자의 몫을 깔끔하게 분배하는 게 좋습니다. 그러면 다시 만나게 되었을 때 전처럼 자주 부딪치거나 한정된 재화를 두고 싸우지 않을 수 있습니다. 각자 자기 몫의 공간을 가졌기 때문이지요.

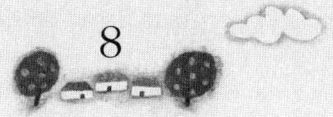

8

경쟁자를 내 편으로 만드는 법

강을 사이에 둔 이웃, 라이벌 | 라이벌 갈등에 효과적으로 대응하는 법
| 형제자매가 서로 시기하는 이유 | 나보다 잘난 사람을 누르는 심리

"힘들더라도 모두에게 공정한 타협점을 찾아
갈등을 없애야 합니다. 공정한 타협이란 한 사람이 일방적으로
자기주장을 관철시키는 것이 아니라, 서로 조금씩 양보해
의견을 좁히는 것을 의미합니다."
_로렌츠 바힝거

강을 사이에 둔 이웃,
라이벌

직장이나 가정, 교회에서 종종 라이벌 갈등이 벌어집니다. 라이벌 갈등은 분배 갈등과 비슷하지만 한 가지 독특한 점이 있습니다. '라이벌rival'이라는 단어는 수로를 뜻하는 라틴어 'rivus'에서 유래했습니다. 말하자면 강을 사이에 둔 이웃, 같은 강에서 물을 끌어다 쓰는 사람들이 라이벌입니다. 이것이 나중에 경쟁자, 적수, 연적을 뜻하게 되었습니다.

물을 독차지하기 위해 라이벌은 상대방이 물을 쓰지 못하도록 합니다. 상대방이 물을 사용하는 것을 막아 가뭄에 시달리게 하고 삶을 개척할 기회를 주지 않으려 합니다.

성경에서는 다윗과 사울의 이야기를 통해 라이벌 갈등을 설명합니다. 성경에 나오는 라이벌의 갈등은 사울의 비극으로 끝납니다. 사무엘은 사울의 머리에 기름을 부음으로써 그를 왕으로 세웁니다. 사울의 왕국은 처음에 크게 번성합니다.

그러나 사울이 점차 하느님의 명을 거스르자 하느님은 그를 멸망하도록 만듭니다. 사무엘은 하느님의 명을 받고 새로이 젊은 다윗의 머리에 기름을 부어 왕으로 세웁니다.

처음에 다윗은 사울의 하인이었습니다. 우울증이 있었던 사울이 다윗의 비파 연주에 반해 다윗을 왕궁으로 데려간 것입니다. 사울은 다윗의 연주에 우울했던 기분도 다시 좋아지곤 했습니다.

그러던 어느 날 사울이 발작을 일으킵니다.

"이튿날 하느님께서 보내신 악령이 사울에게 들이닥쳐 그가 집안에서 발작을 일으키자, 다윗이 여느 날처럼 비파를 탔다. 이때 마침 사울은 손에 창을 들고 있었다." (1 사무 18, 10)

사울은 다윗을 죽이려고 두 번이나 창을 던집니다.

그러나 다윗은 매번 창을 피합니다. 사울은 딜레마에 빠집니다. 우울증을 달래자면 다윗이 필요했습니다. 하지만 비파 연주를 부러울 정도로 잘하는데다 사람들에게 자기보다 더 많은 사랑을 받는 다윗이 죽이고 싶도록 미웠습니다. 사울은 많은 사랑을 받는 젊은 다윗이 곧 자신의 라이벌이 되리란 걸 직감합니다.

결국 사울은 라이벌을 없애 버릴 계획을 세웁니다. 다윗을 천인부대의 지휘관으로 임명한 것입니다. 전쟁에 나가 다치거나 죽기를 기대하면서 말입니다. 그러나 사울의 기대는 산산이 깨졌습니다.

"주님께서 다윗과 함께 계셨으므로, 그는 가는 곳마다 승리하였다." (1사무 18, 14)

사울은 다윗을 두려워하게 되었고, 이제 다윗을 죽이기 위해 노골적으로 공격합니다. 하지만 다윗은 번번이 공격을 피했고, 한번은 사울을 없앨 기회를 얻기도 했습니다. 자신이 숨어 있던 동굴에서 사울이 무방비 상태에서 소변보는 걸 목격한 것입니다. 다윗은 맘만 먹으면 쉽게 사울을 죽일 수 있었습니다. 그러나 다윗은 사울을 해치지 않고 그의 망토 자락만 자릅니다. 자신은 사울 왕의 적이 아니라 왕을 위해 싸우는 한편임을 알리려 한 것입니다.

사울은 그 순간 다윗의 행동에 감명을 받습니다. 그러나 얼마 지나지 않아 사울은 다시 다윗을 죽이려 합니다. 해결되지 않은 갈등은 수면 아래 잠재되어 있다가 불쑥 튀어나오곤 합니다.

결국 다윗을 죽이지 못한 사울은 블레셋과의 전투에서 최후를 맞습니다.

라이벌 갈등에
효과적으로 대응하는 법

다윗과 사울처럼 라이벌 간의 갈등을 회사에서도 자주 볼 수 있습니다. 팀장은 능력 있는 젊은 팀원을 두려워합니다. 젊은 팀원은 팀장을 돕고 팀을 위해 일하려 애쓰지만, 팀장은 촉망 받는 젊은 팀원을 누르고 더 나아가 제거하기 위해 계속해서 계략을 짭니다.

팀장은 더 이상 그를 회사를 위해 능력을 발휘하도록 아끼고 격려해야 할 부하직원으로 여기지 않습니다. 어떻게든 제거해야 하는 라이벌일 뿐입니다. 그냥 두었다가는 젊은 팀원이 자신의 앞길을 가로막고 팀장

자리까지 넘볼까 봐 두렵습니다. 회사가 벌써 성공의 공로를 자신이 아닌 이 젊은 팀원에게 돌리고 다른 직원들도 이미 그걸 감지했다고 생각하기 때문입니다.

팀장은 자기 실적이 미미하고 자기 시대가 끝났다는 걸 알지만 인정하기 싫습니다. 팀장은 제 자리를 지키기 위해 젊은 팀원을 누르는 데 모든 에너지를 쏟아붓습니다.

젊은 팀원은 어떻게 해야 할까요? 팀장의 계략에 휩쓸려 고생하느니 차라리 회사를 떠나는 편이 나을까요? 그러나 떠나는 방법이 매번 옳은 건 아닙니다. 특히 회사가 젊은 직원을 지향하고, 나이 많은 팀장에 의해 회사가 가진 잠재력이 소진될 위험이 있다면, 회사를 떠나는 방법은 더더욱 바람직하지 않습니다.

나이 많은 팀장은 회사와 연대하지 않습니다. 이때 모든 일을 잘 풀려면 다윗의 확신과 연대가 필요합니다. 성경에서 다윗은 하느님이 함께하심을 믿습니다. 젊은 직원은 평정심을 유지하며 팀장과의 갈등에 의연해야 합니다. 그래야 이겨 낼 수 있습니다.

팀장이 어떤 계략을 쓰는지 차분히 관찰하며 감정적으로 휩쓸리지 말아야 합니다. 팀장의 계략에 아랑

곳없이 자기 본분에만 충실해야 합니다. 팀장이 젊은 팀원을 전투에 끌어들이기 위해 강요하는 라이벌 역할을 받아들이지 말아야 합니다. 마음속으로 평온을 유지하면서 바르게 처신하면 언젠가는 인정을 받으리라 확신해야 합니다. 팀장의 문제가 저절로 해결될 거라 믿어야 합니다.

성경에서 사울을 죽게 한 건 다윗이 아니라 하느님입니다. 현실에서는 팀장 스스로 한계를 느끼고 더는 그런 식으로 버틸 수 없음을 깨닫습니다. 계략에서 벗어나 팀장과의 연대를 지속하고 업무를 잘 수행하려면, 다윗처럼 강한 믿음과 희망이 필요합니다.

어느 병원에서 있었던 일입니다. 원장이 능력 있는 의사들을 하나둘 해고했습니다. 환자들의 사랑을 빼앗길까 봐 두려워서였습니다.

어느 심리학자는 "회사에서 낭비되는 에너지의 5분의 2가 라이벌 갈등에서 비롯된다"라고 말합니다. 갈등을 견디기 위해 사용되는 에너지와 라이벌을 방해하고 해고시키기 위해 소모되는 에너지를 합치면 그 정도가 된다는 것입니다.

그러므로 직장생활을 잘하려면 라이벌 갈등에 효과

적으로 대처하는 방법이 꼭 필요합니다. 능력 있는 부하직원을 라이벌로 보는 대신, 잠재적 지원 인력으로 여기고 활용하는 것은 당연히 팀장의 몫입니다.

다윗처럼 위협을 받게 된 직원이 자기 스스로를 보호하고 계략에서 벗어나는 길은 무엇일까요? 라이벌 경쟁에 신경 쓰지 않고 양심에 따라 자기 일을 열심히 계속하는 것뿐입니다.

형제자매가
서로 시기하는 이유

형세자매가 라이벌 의식을 갖는 건 잘 알려진 사실입니다. 은유적으로 표현하면, 형제자매는 부모라는 '같은 수로'를 이용합니다. 라이벌은 상대방이 물을 끌어다 쓰지 못하게 막으려 합니다. 그들 각자는 부모의 사랑을 독차지하려고 다투고 서로를 라이벌로 느낍니다. 라이벌은 서로를 적으로 간주하며 기회만 있으면 상대방을 해치려 하지요.

형제자매의 라이벌 관계는 대개 일찍부터 시작됩니다. 여자아이는 갓 태어난 남동생을 라이벌로 여깁니다. 엄마가 아기에게 젖을 먹일 때마다 여자아이는 엄마 품을 파고들며 당장 같이 놀자고 떼를 씁니다. 이것은 아주 정상적인 반응입니다.

이때 부모가 현명하게 대처해야 합니다. 여자아이는 동생과 경쟁하며 자신을 사랑해 달라고 호소하는 것입니다. 그러니 아이를 야단치면 안 됩니다. 아이는 동생과의 경쟁을 통해 버림받은 기분을 표현하는 것입니다. 이때 부모는 호통칠 것이 아니라 사랑을 주어야 합니다. 또한 아이에게 부모의 사랑을 남동생과 나누는 법도 가르쳐야 합니다.

유년기의 라이벌 갈등은 대부분 저절로 해소됩니다. 그러나 나이가 들면서 새로운 갈등이 생기기도 합니다. 예를 들어 언니는 학교 성적이 우수하고 여동생은 평범합니다. 혹은 평범한 남동생이 공부 잘하는 형과 계속 비교를 당합니다. 그러면 동생은 언니를 누르기 위해 혹은 형처럼 되기 위해 안간힘을 쓰게 됩니다. 그러나 뜻대로 되지 않으면 오히려 언니나 형과 달리 엇나갈 수 있습니다. 언니를 누를 수 없다는 무력감에 동생은 거식증을 앓기도 합니다. 형을 따라잡지 못한 동생은 공부를 포기할 수도 있습니다. 그렇게 해서라도 부모의 관심과 애정을 받으려 하는 것입니다.

그러나 이런 방법으로는 갈등이 해소되기는커녕 새로운 문제가 생길 뿐입니다.

라이벌 갈등을 통해 자신의 열등감을 인정하는 것은 참으로 괴롭습니다. 그러나 내가 형이나 언니처럼 우등생이 아님을 인정하고 진심으로 슬퍼할 줄 알아야 합니다. 그래야 내 고유한 잠재력과 정체성, 그리고 존엄성을 새롭게 발견할 수 있습니다.

자신만의 고유한 삶을 살면, 더는 라이벌 경쟁을 하지 않아도 됩니다. 내 힘으로 도달하여 맘껏 끌어다 쓸 수 있는 내 삶의 수로를 발견했기 때문입니다.

그때 비로소 나는 라이벌의 성공을 함께 기뻐할 수 있습니다.

나보다 잘난 사람을
누르려는 심리

회사에서 팀장들이 벌이는 라이벌 경쟁은 종종 전투처럼 치열하게 변해 갑니다. 고객과 직원들에게 누가 더 사랑을 받는가? 공식석상에서 누구에게 더 많은 관심이 쏠리는가? 특히 나르시시즘을 가진 팀장은 (사실 팀장들 대부분이 그렇습니다) 인기에 연연합니다. 사울이 다윗을 미워한 것도 다 인기 때문이었습니다.

다윗이 골리앗을 이긴 뒤 여인들이 노래하고 춤추며 사울에게서 멀어져 가자, 사울은 다윗에게 적개심을 품기 시작합니다.

"여인들은 흥겹게 노래를 주고받았다. '사울은 수천을 치시고, 다윗은 수만을 치셨다네!' 사울은 이 말에 몹시 화가 나고 속이 상하여 이렇게 말하였다. '다윗에게는 수만 명을 돌리고, 나에게는 수천 명을 돌리니, 이제 왕권 말고는 더 돌아갈 것이 없겠구나.' 그날부터 사울은 다윗을 시기하게 되었다." (1 사무 18, 7-9)

대부분의 팀장들은 부하직원이 자기보다 인기가 있는 걸 참지 못합니다. 그들은 의심의 눈초리로 부하직원을 주목하며 그를 골탕 먹이거나 끝장낼 방법을 찾습니다.

의심은 광기와 관련이 있습니다. 팀장들은 부하직원이 자신에게 저주를 하거나 나쁜 계략을 짤 거라 광적으로 의심합니다. 그래서 자신이 해를 입기 전에 먼저 상대방을 저주하며 나쁜 계략을 짜는 것입니다.

성경에서 라이벌 갈등은 사울의 죽음으로 끝납니다. 사울의 죽음이 지닌 의미를 회사의 상황에 적용시켜 보면, 이제 팀장은 예전의 정체성을 완전히 버려야 합니다. 모두의 사랑을 독차지하려는 마음에서 벗어나야 합니다. 그러지 못하면 사랑받는 모든 부하직원들을 나쁜 사람으로 만들고 미움을 받게 하는 쪽으로만 힘을 쏟게 됩니다.

하지만 팀장의 그런 소망은 채워질 수 없는 헛된 욕망입니다. 방법은 하나뿐입니다. 즉 언제 어디서나 모두에게 사랑받는 존재가 되려는 욕구에서 스스로 벗어나는 것입니다. 사랑받는 직원의 가치를 인정하고, 그 직원의 성공을 빌어 주며, 그런 직원을 자기 밑에 둔 걸 기뻐하는 쪽으로 마음을 돌리는 곳에 길이 있습니다.

그러면 인기를 나누어 가질 수 있고, 상대방은 경쟁자가 아니라 소중한 부하직원이 됩니다. 직원을 비추는 빛은 팀장도 함께 비춥니다. 직원의 가치를 인정하면 팀장의 가치도 함께 상승합니다.

팀장의 질시를 받는 직원들은 다윗을 모범으로 삼아야 합니다. 사울이 다윗을 정당하게 대하지 않더라도, 다윗은 늘 사울을 정당하게 대했습니다. 사울이 다윗을 죽이려 할 때조차도 다윗은 사울을 해치려 하지 않았습니다.

그러니 다윗처럼 굳게 믿어야 합니다. 하느님이 모든 걸 밝은 곳으로 이끌 것이고, 불공정한 팀장에 의해 정의가 흔들리지 않을 것이라고 말입니다.

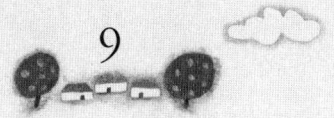

9

성격 차이에서 생기는 갈등

알아두면 유용한 9가지 성격 유형 | 규율을 지키려는 자와 자유를 지향하는 자 | 권위가 아니라 경청의 힘으로 | 교과 간 다툼에서 배우는 것들 | 회사도 결국 사람이 사는 곳이다

"분노를 안고 잠들지 말라.
다툰 사람과는 해가 지기 전에 화해하라."
(성 베네딕트 규칙서 4, 13)

알아두면 유용한 9가지 성격 유형

에니어그램Enneagram 이라고 들어보았나요? 에니어그램에서는 사람의 성격 유형을 9가지로 분류해서 설명합니다. 이것으로 성격을 완전히 설명할 수는 없지만 그래도 나의 성격 유형을 알아두면 갈등 해소에 도움이 됩니다. 성격 차이로 일어나는 갈등이 꽤 많기 때문입니다.

에니어그램의 1번 유형은 '개혁가'인데, 이들은 모든 것을 정확히 계획하는 완벽주의자입니다. 개혁가는 모든 일을 정확하고 문제없이 진행하고자 합니다.

2번 유형 '조력가'는 이른바 사회적 유형으로 오직

타인을 위해 존재합니다. 예를 들어 직장인의 경우 조력가는 늘 부하직원과 동료를 돌봅니다.

3번 유형 '성취자'는 성공을 중시합니다. 성취자는 일의 진행 과정을 정확히 인지하지 않고 오로지 성공 유무에만 신경 씁니다.

여기서 에니어그램의 유형 9가지를 일일이 다 설명할 수는 없지만 중요한 몇 가지 유형을 소개합니다.

6번 유형은 '충성가'로 이들은 법의 수호자입니다. 그래서 모든 일을 규정대로 진행하고자 합니다.

8번 유형은 '지도자'로 모든 갈등을 해소하려 애쓰고, 뭔가가 해명되지 않으면 그대로 두지 못합니다.

9번 유형은 '중재자'로 가능하면 갈등 없이 평온하게 살고 싶어 합니다.

지금 자신이 속해 있는 공동체에 어떤 유형의 사람들이 모여 있는지 알면 함께 생활하는 데 확실히 도움이 됩니다. 저는 이것을 직접 체험했습니다.

우리 수도원에서는 월요일마다 임원회의를 합니다. 아빠스, 원장, 부원장, 그리고 3명의 재무 담당자들이 이 회의에 참석합니다.

우리는 한동안 회의 때마다 갈등을 겪었습니다. 저

는 모든 일이 너무 느리게 진행되어서 답답했고, 생각만 하다가 아무것도 못하는 것 같아 화가 났습니다. 반면 누군가에게는 제가 무작정 서두르기만 하는 것처럼 보였고, 그래서 그는 매번 제가 제안하는 일에 도사리고 있는 위험성을 지적했습니다.

그러던 어느 날 우리는 에니어그램 프로그램에 참여하게 되었고, 임원회의 참석자의 성격 유형을 알게 되었습니다. 우리 모임 참석자의 경우 개혁가 2명, 조력가 1명, 성취자 1명, 충성가 1명, 그리고 중재자 1명으로 구성되어 있었습니다. 또 각자 강점과 약점을 가지고 있었습니다.

각자의 성격 유형을 확인한 우리는 서로 다른 성격 유형이 공동체 안에서 저마다 중요한 역할을 하고 있다는 사실을 알게 되었습니다. 그러자 우리는 이전보다 훨씬 더 서로를 잘 보완할 수 있었습니다.

공동체가 잘 돌아가려면 모든 유형이 골고루 필요합니다. 임원회의에 성취자만 있었더라면 수도원은 금세 과중한 업무에 휘청거렸을 겁니다. 충성가만 있었더라면 자잘한 규정들에 신경 쓰느라 아무것도 진행하지 못했을 겁니다. 그러나 충성가 역시 공동체를 위해 꼭 필요합니다. 충성가는 공동체에 부정한 일이 일어나지 않게 늘 경계할 테니까요. 개혁가도 필요합니다. 개혁가는 우리가 해야 할 일을 제대로 진행할 수 있도록 공동체를 잘 이끌어 나가기 때문입니다.

규율을 지키려는 자와
자유를 지향하는 자

베드로와 바울로의 이야기에는 전형적인 성격 갈등이 드러나 있습니다. 베드로와 바울로의 성격을 굳이 에니어그램의 유형에 따라 나누지 않더라도, 베드로는 규율을 중시하는 사람인 반면, 바울로는 자유를 추구하는 사람임을 알 수 있습니다.

물론 다른 면들도 가지고 있습니다. 이를테면 베드로는 쉽게 감명을 받고 작은 일에도 감탄할 줄 압니다. 베드로는 이런 능력으로 다른 사람들을 동화시킵니다. 예수님에게 '반석'이라 불린 베드로는 또한 열두 제자의 '리더'가 됩니다.

반면 바울로는 자유를 추구했지만 규정을 중시하는 면모도 갖고 있습니다. 그도 그럴 것이, 바울로는 원래 율법을 중시하고 규정을 충실히 지키는 바리새파였습니다. 또한 바울로는 때때로 스스로를 몰아붙이기도 합니다. 이런 점에서 바울로는 전형적인 '개혁가'입니다.

두 사도의 갈등은 사도행전에 잘 묘사되어 있습니다. 또한 바울로 자신도 갈라티아 신자들에게 보낸 편지에서 베드로와의 갈등을 얘기합니다. 두 사도의 갈등은 다른 성격을 가진 두 사람의 이야기인 동시에 초기 그리스도교의 다른 두 방향을 보여 줍니다.

사도행전은 유대 그리스도교와 이방인 그리스도교의 갈등을 묘사합니다. 안티오키아에서 바울로와 바르나바는 수많은 이방인들을 그리스도인으로 개종시켰습니다. 이방인들은 유대인처럼 할례를 받지 않고도 바로 그리스도인이 될 수 있었습니다. 바울로와 바르나바는 이것에 찬성합니다. 우리를 하느님 앞에 떳떳할 수 있도록 해주는 건 할례 같은 규정이 아니라 예수그리스도를 통해 드러난 하느님의 은총뿐이라고 주장합니다.

베드로와 바울로는 물론 엄격한 신학적 논쟁을 벌이며 갈등을 겪지만 그러한 견해 차이는 두 사도의 성격 차이에서 비롯되었습니다. 그러므로 베드로와 바울로의 이야기는 신학적 견해뿐 아니라 성격마저 달라 부딪칠 수밖에 없는 두 사람의 갈등을 다룹니다.

사도행전에 나오는 두 사도의 갈등은, 유다 지방에서 온 유대 그리스도교인들이 할례 규정을 고집할 때 안티오키아에서 벌어진 논쟁으로 시작됩니다. 바울로는 할례의 의무에 반대했습니다. 격렬한 논쟁을 벌였지만 합의점을 찾지 못했고, 결국 안티오키아 교회는 바울로와 바르나바 그리고 몇몇 신도들을 예루살렘으로 보내 다른 사도들, 그리고 원로들과 함께 이 문제를 의논하게 했습니다.

예루살렘에 도착한 사람들은 사도들과 원로들을 비롯해 교회의 열렬한 환영을 받았습니다. 그런데 바리새파에 속했다가 개종한 몇몇 사람이 나서서 이방인에게도 모세의 율법을 일러주어 따를 수 있도록 해야 하고, 그들 역시 할례를 할 수 있게 해야 한다고 주장합니다.

그러자 그곳에서도 격렬한 논쟁이 벌어집니다. 오랜 토론 끝에 베드로가 일어나서 이렇게 말합니다.

"형제 여러분, 다른 민족들도 제 입을 통하여 복음의 말씀을 들어 믿게 하시려고 하느님께서 일찍이 여러분 가운데서 저를 뽑으신 사실을 여러분은 알고 있을 겁니다. 사람의 마음을 아시는 하느님께서는 우리에게 하신 것처럼 그들에게도 성령을 주시어 그들을 인정해 주셨습니다. 그리고 그들의 믿음으로 그들의 마음을 정화하시어, 우리와 그들 사이에 아무런 차별도 두지 않으셨습니다. 그런데 지금 여러분은 왜 우리 조상들도 우리도 다 감당할 수 없던 멍에를 형제들의 목에 씌워 하느님을 시험하는 것입니까? 그들도 우리와 마찬가지로 예수님의 은총으로 구원을 받는다고 믿습니다." (사도 15, 7-11)

베드로는 하느님께서 이방인들에게도 성령을 보내셨다고 말합니다. 베드로는 로마 백인대장 고르넬리오와 그의 부하들을 통해 이것을 직접 체험했습니다. 하느님께서 이방인들에게도 성령을 주셨다면, 인간이 그것을 거역해선 안 됩니다.

베드로는 이 연설을 통해 다른 사람들이 바울로의 얘기에 귀를 기울이도록 했습니다. 그때 바로 유대 그리스도교를 대표하는 야고보가 등장합니다. 야고보는 베드로의 말에 동의했고, 예레미야의 예언을 그 근거로 제시합니다. 예레미야는 이렇게 말합니다.

"무너진 다윗의 집을 다시 지으리니 허물어진 곳을

다시 고치고 그것을 바로 세우리라. 그리하여 살아남은 백성들이 다 주를 찾고, 내 백성이 된 모든 이방인들까지도 모두 주를 찾게 되리라." (사도 15, 16-17)

그리고 야고보는 이방인들에게 별 다른 제약을 두지 말자고 제안하며 한 가지 타협안을 내놓았습니다. 그리하여 이방인들은 우상에게 바쳤던 제물과 피를 보이거나 목 졸라 죽인 짐승을 먹지 말도록 했습니다. (사도 15, 28-29 참조)

이렇게 정해진 '사도칙령'이 모든 그리스도교 공동체에 보내졌습니다. 그리하여 유대인과 이방인으로 구성된 그리스도교는 평화롭게 지낼 수 있었습니다.

물론 이것으로 갈등이 완전히 해소되었다고 할 수는 없지만, 당시 불거진 갈등은 일단락될 수 있었습니다.

권위가 아니라 경청의 힘으로

바울로는 예루살렘에서 사도들과 합의한 내용을 편지로 갈라티아 신자들에게 알립니다. 하지만 앞선 내용과는 조금 다르게 묘사합니다.

"교회의 기둥으로 여겨지는 야고보와 케파와 요한은

하느님께서 나에게 베푸신 은총을 인정하고, 친교의 표시로 나와 바르나바에게 오른손을 내밀어 악수하였습니다. 그리하여 우리는 다른 민족들에게 가고, 그들은 할례 받은 이들에게 가기로 하였습니다. 다만 우리는 가난한 이들을 기억하기로 하였고, 나는 바로 그 일을 열심히 해왔습니다." (갈라 2, 9-10)

그러나 안타깝게도 이 해결책이 일상의 갈등을 불러왔습니다. 바울로에 따르면, 베드로는 얼마간 안티오키아에서 머물렀고, 이방인들과 한 식탁에 앉아 식사를 했습니다. 그러다 야고보 일행이 오면 이방인들을 두고 유대인들과 식사했습니다. 예루살렘에서 온 보수주의자인 야고보의 비판이 두려웠기 때문입니다.

이 모습을 본 바울로가 사람들이 보는 앞에서 베드로의 태도를 비판하며 면박을 주었습니다. 그러나 베드로의 입장에서 생각해 보면, 자신은 분명 이방인 그리스도교와 유대 그리스도교, 모두와 두루 잘 지내기 위해 현명하게 대처했다고 할 수 있습니다. 또 그는 보수적인 유대 그리스도교도들을 화나게 하고 싶지도 않았습니다.

하지만 바울로의 눈에는 그것이 그리스도의 가르침

에 어긋난 행동으로 보였습니다. 이 문제는 논쟁을 피할 수 없는 신학적 물음을 담고 있습니다. 바울로와 베드로는 그만큼 서로 다른 관점을 가지고 있습니다.

갈라티아 신자들에게 보낸 편지에서는 바울로와 베드로의 갈등 상황이 어떻게 끝났는지 드러나지 않습니다. 바울로는 자신의 신학적 기본 규정을 고수했습니다. 바울로에게는 그것이 그리스도 신앙의 핵심이었기 때문입니다. 바울로는 특히 정당성을 중시했습니다.

그러나 이런 방식으로는 갈등이 해소될 수 없습니다. 한 사람이 정당성을 내세우며 논쟁을 계속하면, 다른 사람은 비난받고 구석에 내몰린 기분을 느끼게 되기 때문입니다.

루카는 사도회의에서, 바울로가 갈라티아 신자들에게 보낸 편지에서보다 더 좋은 해결책을 제안합니다. 사도회의에서는 모두가 발언할 수 있는 기회를 가졌습니다. 격렬한 논쟁이 오가는 속에 베드로와 야고보는 자신들의 경험과 예언자의 말을 근거로 사도들을 설득했습니다.

결국 야고보의 제안이 모두에게 받아들여졌습니다. 사도회의는 합의문을 작성하고 바울로, 바르나바, 실라, 유다로 하여금 교회 공동체 앞에서 낭독하고 설명하도록 했습니다. 글은 다소 낯선 문구로 시작됩니다.

"성령과 우리는 다음의 몇 가지 필수 사항 외에는 여러분에게 다른 짐을 지우지 않기로 결정하였습니다." (사도 15, 28)

우리는 이 문구를 이렇게 이해할 수 있습니다.

사도들은 서로의 말을 경청하며, 또한 성령에도 귀를 기울였습니다. 사도들은 성령이 그리스도교의 여러 단체를 통해 전한 말을 열린 마음으로 들었습니다. 그러므로 편지는 사도들의 합의 내용일 뿐 아니라, 성령의 뜻을 담았기에 모두에게 적용될 수 있는 해결책인 것입니다.

사도들은 갈등을 겪었지만 그를 통해 합의를 이뤄 냈습니다. 그들은 권위가 아니라 서로의 말과 성령에 귀 기울임으로써 합의를 이루어 냈습니다.

만약 바울로의 해결 방식을 계속 고집했다면 새로운 갈등을 불러왔을 것입니다. 당위만을 중시했기 때문이죠. 반면 루카의 해결책은 평화를 가져올 수 있었습니다. 견해 차이는 여전했지만 서로 경청했기 때문에 평화롭게 잘 지낼 수 있었던 것입니다.

오늘날 교회도 이 사도들과 비슷한 갈등을 겪습니다. 전승되어 온 계율과 규정을 중시하는 보수 집단이 있는가 하면, 완전히 새로운 교회를 꿈꾸는 자유롭고 진보적인 집단도 있기 때문이죠. 양측 모두 자기 주장을 펼칠 때 예수그리스도와 성경을 근거로 듭니다.

하지만 이들은 모두 자신의 이익을 위해 성경을 이용하고 있다는 사실을 인식하지 못합니다. 성경을 근거로 들고 있긴 하지만 그 뒤에 전혀 다른 이해관계가 감춰져 있을 때도 많습니다.

또한 성격 유형이 큰 영향을 미치기도 합니다. 에니어그램을 다시 이야기하면, 1번 유형 개혁가와 2번 유형 조력가는 3번 유형 성취자 혹은 더 나아가 편리함을 중시하는 7번 유형 낙천가보다 규정을 더 중시합니다.

신학적인 논쟁을 벌일 때, 사람들은 객관적인 논거도 중시하지만, 각자의 성격 유형에 맞고 안정감을 주며 더 희망적으로 여겨지는 견해에 귀를 기울이게 됩니다. 가령 충성가는 확실히 성취자보다 보수적입니다.

어떤 성격 유형이 더 좋다거나 더 나쁘다고 할 수는 없습니다. 편견에 사로잡히지 않고 귀를 기울이다 보면 좀 더 쉽게 대화할 수 있고, 하나의 신학, 하나의 영성에 얽매이지 않고 각자의 성격 유형에 맞는 다양한 영성을 허용할 수 있습니다.

걸핏하면 공동체와 갈등을 겪는 젊은 사제가 있었습니다. 이 사제는 고집이 매우 세고 보수적이어서 좀처럼 양보를 몰랐습니다. 저와 면담을 하면서 그는 자신이 마음속 깊이 자리한 두려움을 감추기 위해 고집을 부린다는 걸 깨닫게 되었습니다.

이 사제는 어렸을 때부터 '타락'할까 봐 두려워했습니다. 애석하게도 그가 절실히 필요로 했을 때 부모는 든든한 버팀목이 되어 주지 못했습니다.

결국 그는 내면의 두려움을 들키지 않으려고 자신을 옥죄였습니다. 그런 경직된 마음 때문에 공동체와도 화합하지 못하고 자주 갈등을 빚었던 것입니다.

젊은 사제는 자신의 보수적 태도보다는 고집스럽게 강요하는 태도에 문제가 있음을 감지하기 시작했습니다. 그동안 갈등의 원인이 신학에 대한 해석이 달라서라고 여겼는데, 더 근본적인 원인은 자신의 성격과 심리적인 문제에서 비롯되었음을 알게 된 것이지요.

이런 통찰을 통해 마침내 젊은 사제는 공동체와의 갈등을 창의적으로 해소하는 데 성공했습니다. 완고함과 고집을 버렸을 뿐 아니라 객관적 주장과 자신의 성격에서 비롯된 주장을 구별할 수 있게 된 것입니다.

교회 안에서 생기는 갈등을 해소할 때 사도회의는 좋은 모범이 됩니다. 사도회의에서는 다양한 의견들을 자유롭게 표현할 수 있습니다. 어떤 사람은 현대적 교회를 위한 목표를 제시할 수도 있습니다. 중요한 것은 서로를 제지하지 않고 각자 신학적 견해와 교회의 입장을 표현한다는 것입니다. 그런 다음 다양한 입장을 바로 조율하려 하지 말고, 무엇이 옳다거나 더 낫다는 가치 평가 없이 가만히 두고 바라보면 됩니다.

그런 다음에는 갈등과 관계없는 독립된 관점을 가진 사람들이 필요합니다. 이들이 자신의 경험을 말한 베드로나 성경을 인용한 야고보처럼, 명료하게 입장을 밝히면 갈등도 어느 정도 해소될 것입니다. 입장 차이를 줄이고 타협점을 찾기 위해서는 다양한 의견을 듣고 성령께서 다양한 목소리를 통해 무엇을 전달하려고 하는지 귀를 기울여야 합니다.

야고보가 성령을 통해 제안하자 모두가 받아들였습니다. 누구도 자신이 패자라 느끼지 않았고, 모든 의견이 존중되고 진지하게 받아들여졌습니다. 모두가 상대방에게 조금씩 마음을 열고 성령이 상대방을 통해 무엇을 말하려 하는지 경청했습니다.

성령으로부터 얻은 제안인지, 아니면 그저 게으른 타협에 불과한지는 그 효력을 보면 금방 알 수 있습니다. 하느님의 성령이 임하는 곳에는 평화와 자유, 사랑이 있기 때문입니다.

교파 간 다툼에서 배우는 것들

2차 바티칸 공의회 때 보수파와 자유파가 격렬하게 다퉜습니다. 그러나 이 다툼은 교회를 발전시키는 데 큰 역할을 했습니다. 공의회 참석자들은 서로의 말에 주의를 기울였을 뿐 아니라 성령의 말씀에도 귀 기울였습니다. 그런 덕분에 모두에게 이익이 되는 해결책을 얻을 수 있었습니다.

공의회의 결정은 서로 마음의 문을 열게 해주었고 교회를 발전적으로 이끌 수 있었습니다. 한 당파가 일방적으로 승리했더라면 그렇게 많은 결실을 얻진 못했을 겁니다.

물론 오늘날에도 공의회의 결정에 반대하는 당파가 여전히 존재합니다. 그들은 미래를 보지 않고, 과거가 언제나 거룩하지만은 않았음에도 거룩했다고 착각하며 향수에 젖어 있습니다.

오늘날까지도 다양한 교파들, 특히 전통 교회와 자유 교회(루터파가 아닌 신흥 개신교-옮긴이) 혹은 오순절 교회(방언 및 질병 치유 등 성령의 초자연적인 힘을 강조하는 개신교의 한 종파-옮긴이)가 첨예하게 대립하고 있습니다. 이들은 오로지 당위만을 내세우며 논쟁을 벌이기도 합니다. 무조건 상대를 이기려 들기도 하고, 다른 사람의 희생으로 우위를 차지하기도 합니다. 그러나 이와 같은 행동은 상대의 희생을 헛되이 만듭니다.

만약 교파 간에 갈등이 생겨났다면 다음 사항에 주의하며 잘 듣는 것이 중요합니다. 먼저 각 교파가 갖고 있는 장점은 무엇일까? 무엇이 사람들을 매혹시키는 것일까? 어떤 신학적 관점을 무시하기에 갈등이 생겨났을까? 어떤 성격 유형을 지닌 사람들이 각각 어떤 주장을 펼쳤을까? 다양한 신학적 견해에 따라 어떠한 욕구들이 충족될까?

그런 다음 성령의 뜻을 생각해 보아야 합니다. 여러

교파들을 통해 성령은 우리에게 무엇을 전하려 할까? 다른 교파에서 우리는 무엇을 배울 수 있을까? 우리의 정체성은 어디에서 드러날까? 오늘날 진정한 교회란 무엇이고, 세속화된 세계에서 참 그리스도인으로 사는 것은 어떤 의미일까?

이렇게 분명한 관점을 가지고 갈등에 대처한다면 큰 어려움 없이 해결책을 찾게 될 것입니다.

회사도 결국 사람이 사는 곳이다

회사에서 입장 차이로 다툼이 벌어졌을 때에도 사도회의를 좋은 표본으로 삼을 수 있습니다. 이때에도 객관적 주장뿐 아니라 갈등의 당사자가 중요합니다.

갈등 당사자들은 자신이 지지하는 입장, 안정감을 느끼게 해주는 입장, 미래의 희망을 제시하는 입장을 지지합니다. 갈등 당사자가 어떤 성격 유형에 속하는지, 어떤 주장을 펼치는지 알면 열린 마음으로 경청할 수 있습니다.

이때 무엇이 올바르냐를 따지기보다, 상대방도 존중

받고 싶은 개인적 욕구를 지니고 있음을 먼저 인정해야 합니다. 그러면 우리는 무엇이 개인의 욕구를 충족시키는 길이고, 무엇이 회사 전체를 더 나은 미래로 이끄는 길인지 구별할 수 있습니다.

잊지 마십시오. 회사도 결국 사람으로 구성되어 있습니다. 따라서 사람을 배제하고 전략을 세울 수는 없습니다.

입장 차이가 생겼을 때에는 상대방의 이야기를 경청하는 것이 가장 중요합니다. 예루살렘의 사도들처럼 서로의 의견에 귀를 기울이고 상대방의 입을 통해 성령이 전달하고자 하는 말이 무엇인지 깊이 성찰해야 합니다.

지극히 세속적인 회사에서 영업 전략을 세워야 하는데 성령의 말씀에 귀를 기울인다는 것이 엉뚱해 보일 수도 있겠지요. 하지만 기업에서 다툼이 벌어졌을 때에도 지성과 더불어 영감을 믿는 것이 중요합니다. 이것을 직감이라 불러도 좋고, 꿈이나 성령의 말씀이라 불러도 좋습니다. 성령의 말씀에 귀 기울이면, 우리가 얻은 해결책에 하느님의 축복이 내릴 것입니다. 그리고 모두가 만족하며 더 나은 미래를 열어 갈 수 있을 것입니다.

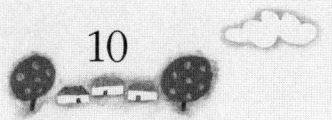

10

갈등 상황에 대처하는 최고의 방법

부모와 자녀의 갈등 | 제자들의 서열 다툼 | 권력을 향한 숨은 욕구 | 타인을 이끈다는 것 | 난처한 질문에 대화의 주도권 잡기 | "죄 없는 자가 돌을 던져라" | 함정에 빠지지 않고 도움을 주는 법

"너희 가운데서 가장 높은 사람은 가장 어린 사람처럼 되어야 하고, 지도자는 섬기는 사람처럼 되어야 한다."
(루카 22, 26)

　예수님의 일생은 갈등의 연속이었습니다. 어린 시절에는 부모와 갈등을 겪었고, 나중에는 가르침을 이해하지 못하는 제자들과 논쟁했으며, 예수님을 시험하고 적대시하는 사람들과 겨뤄야 했습니다.

　성경에서는 특히 바리새파와 사두개파의 대립이 자주 묘사됩니다. 예수님은 기본적으로 바리새파와 좋은 관계를 유지했습니다. 하지만 율법을 고집하는 바리새파의 엄격한 태도에 대해서는 반대했습니다.

　하지만 예수님의 진짜 적수는 제사장 사독의 후예로서 로마와 손을 잡은 상류계급 사두개파였습니다. 예수님이 바리새파와 사두개파를 대하는 태도를 보면 갈등 해소의 모범 답안을 얻을 수 있습니다.

부모와 자녀의 갈등

루카복음서에는 예수님의 어린 시절이 그려져 있습니다. 그 끝 부분을 보면 예수님과 부모의 첫 번째 갈등이 나타납니다. 예수님은 열두 살까지 별 탈 없이 평탄하게 자란 것으로 보입니다.

"아기는 자라면서 튼튼해지고, 지혜가 충만해졌으며, 하느님의 총애를 받았다." (루카 2, 40)

예수님은 말하자면 부모가 자랑스러워 할 만한 아들로 잘 자랐습니다. 열두 살이 된 이 소년은 파스카 축제를 보내기 위해 부모와 함께 예루살렘으로 갑니다. 축제가 끝나고 부모는 일행과 함께 귀갓길에 오르지만, 어린 예수는 홀로 예루살렘에 남습니다. 뒤늦게 일행 중에 아들이 없다는 걸 알게 된 부모는 아들을 찾기 시작합니다. 그리고 다시 예루살렘으로 돌아가 사흘 만에 성전에서 아들을 찾아냅니다.

그런데 어린 아들이 성전에서 학자들과 한자리에 앉아 있는 게 아닙니까. 깜짝 놀란 어머니가 아들에게 묻습니다.

"애야, 우리에게 왜 이러느냐? 네 아버지와 내가 너를

애타게 찾았단다."(루카 2, 48)

그리스어 성경에서 이 구절을 찾아 그대로 옮겨 보면 "우리가 너를 고통 속에서 찾았다"입니다. 아들에 대한 부모의 실망과 걱정이 함께 느껴지는 대목입니다.

아들을 찾아 헤맨 사흘 동안 부모의 걱정은 이만저만이 아니었을 것입니다. 그러면서 부모는 아들을 제대로 건사하지 못한 자신을 비난했을 겁니다.

그런데 아들의 대답이 가관입니다. 부모를 위로하기는커녕 오히려 다시 한 번 상처를 줍니다.

"왜 저를 찾으셨습니까? 저는 제 아버지의 집에 있어야 하는 줄을 모르셨습니까?"(루카 2, 49)

부모는 아들이 낯설게 느껴집니다. 이해할 수 없는 길로 가려는 아들이 야속합니다. 온갖 정성을 다해 자식을 키우는 부모가 아들의 이런 태도를 순순히 납득하는 것은 무리입니다.

오늘날 많은 가정에서 생겨나는 부모자식 간의 갈등도 이와 같습니다. 자식은 부모의 근심을 헤아리지 않습니다. 부모를 떠나 제 길을 가는 것이 당연하니까요.

마리아는 멀게 느껴지는 아들을 이해할 수 없어 마음이 아팠지만 야단치지 않습니다. 오히려 마음속으로 깊이 성찰합니다.

"어머니는 이 모든 일을 마음속에 간직하였다." (루카 2, 51)

마음속에 간직한다는 것은 '성찰'한다는 의미입니다. 마리아는 이 사건의 진정한 의미를 찾기 위해 자신의 마음속 깊은 곳을 들여다봅니다. 하느님의 신비가 깃들어 있는 자신의 내면을 성찰한 것입니다. 그럼으로써 마리아는 아들을 이해하지 못한다는 사실을 이겨내고 여전히 아들의 편이 될 수 있었습니다.

예루살렘 성전에서 갈등이 있은 후 예수님은 "부모와 함께 나사렛으로 내려가 그들에게 순종하며" 지냈습니다. (루카 2, 51) 예수님은 익숙한 일상으로 돌아와 부모의 말을 따르며 날로 성장했습니다.

"예수님은 지혜와 키가 자랐고, 하느님과 사람들의 총애도 더하여 갔다." (루카 2, 52)

예수님은 자기 길을 걸으며 하늘에 계신 아버지께 의무를 다합니다. 또 자신의 임무를 수행하기 전까지, 치유와 해방의 하느님이 우리 곁에 있다는 복음을 사람들에게 전파할 시간이 다가올 때까지, 곁에 있는 부모에게도 순종했습니다.

루카복음서에는 자식이 성장하면서 부모와 빚는 갈등을 해결하기 위해 부모와 자식이 지녀야 할 태도가 나옵니다. 부모는 이해할 수 없는 자식의 행동을 마음속으로 돌이켜보며, 그것을 통해 자신의 마음을 성찰하고 자식의 마음을 들여다봐야 합니다.

내면의 성찰을 통해 부모는 '참된 나'를 만나고, 자식을 이해하는 기회로 삼아야 합니다. 자식이 자신의 소유물이 아니라, 그 자체로 고유한 존재임을 인정하고, 자식을 통해 하느님이 전하시려는 소중한 말씀에 귀기울여야 합니다.

한편 자식은 부모에게 순종하고 부모의 말을 귀담아들어야 합니다. 그렇게 일상을 충실하게 살고 성장하며 마침내 자유를 향해 나아가는 자신만의 길을 걷게 되는 것입니다. 자식은 부모의 말을 귀담아 듣고 마음속 깊은 곳에서 울리는 하느님의 음성을 경청하며 삶의 지혜를 배워야 합니다.

제자들의 서열 다툼

마태오·마르코·루카복음서에서는 예수님의 제자들

사이에서 일어난 갈등을 다룹니다. 제자들은 누가 예수님과 가장 가까운지를 두고 다툽니다. 말하자면 제자들의 서열 다툼인 셈입니다. 마태오복음서에서는 갈등을 다음과 같이 그리고 있습니다.

제베대오의 두 아들이 어머니와 함께 예수님을 뵈러 왔습니다. 부인은 무엇인가를 청할 듯이 예수님 앞에 엎드려 절을 합니다. 예수님이 부인에게 "무엇을 바라십니까?" 하고 물으시자 그 부인은 "당신의 나라에서 저의 두 아들 중 하나는 당신 오른쪽에, 또 하나는 왼편에 앉으라고 말씀해 주십시오" 하고 청합니다.

이에 다른 제자들이 화를 냅니다. (마태 20, 20 이하 참조) 두 아들이 예수님 옆에 앉음으로써 높은 자리를 차지하려는 것처럼 보였기 때문입니다. 마태오가 특히 화를 많이 냈던 것 같습니다. 이 일화를 기록으로 남긴 걸 보면 말입니다.

반면 루카는 "사도들 가운데에서 누구를 가장 높은 사람으로 볼 것이냐는 문제로 말다툼이 벌어졌다"(루카 22, 24)고 전하며, 이 갈등을 좀 더 일반적으로 그렸습니다.

세 복음서에서 제자들이 다투는 와중에 예수님은

세속적인 권위를 비판하며 그들에게 답을 주십니다. 즉 왕은 백성을 지배하고, 자신이 힘을 갖기 위해 다른 사람을 낮추며, 섬김을 받기 위해 높은 자리에 앉으려 하지만 제자들은 달라야 한다고 가르칩니다.

"너희는 그렇게 해서는 안 된다. 너희 가운데서 가장 높은 사람은 가장 어린 사람처럼 되어야 하고, 지도자는 섬기는 사람처럼 되어야 한다." (루카 22, 26)

예수님은 제자들의 다툼을 말리는 대신 기본적인 원칙을 일러주며 갈등을 해결합니다. 기준을 바로 세우는 것입니다. 이를테면, 그리스도인은 누가 가장 큰 힘을 가졌고 가장 많은 인정을 받는지 따지기보다 서로 섬겨야 합니다.

그러므로 높은 사람이 되고 싶으면 다른 사람에게 봉사하고 그들의 마음에 활력을 불어 넣어야 합니다.

두 아들을 부탁하는 부인의 청을 계기로 예수님은 제자들에게 새로운 길을 제시합니다. 제자들은 누가 하늘나라에서 최고의 자리에 오를 것이냐가 아니라, 누가 사람들에게 가장 많이 봉사하느냐를 두고 겨뤄야 한다는 것입니다. 이것이 최고의 자리를 두고 벌이는 다툼에서 명심해야 할 기본 원칙입니다.

교회는 예수님의 가르침대로 "다스림은 곧 섬김"이라고 힘주어 말합니다. 하지만 예수님의 제자들이 그러했듯이, 오늘날도 여전히 교회 내부에서 힘을 갖고 인정받는 것이 중요합니다.

마태오는 초기 그리스도교 공동체의 구성원들이 예수님의 제자들처럼 권력 다툼을 벌이는 것을 보았습니다. 그래서 제자들 사이에 있었던 갈등을 이야기하며 경고하려 했던 것입니다. (마태 20, 20-28)

마태오복음서에서 예수님은 높은 자리를 두고 다투는 두 제자에게 바로 헌신하라고 가르치는 대신 이렇게 묻습니다.

"내가 마시려는 잔을 너희가 마실 수 있느냐?" (마태 20, 22)

예수님은 이 질문을 통해 곧 닥쳐올 고난을 암시합니다. 그리스도교 공동체에서 지도자의 자리에 오르려는 사람은 예수님처럼 고난을 각오해야 합니다. 두 제자는 고난을 겪을 준비가 되었다고 답합니다.

그때 예수님은 그들에게 어떤 자리도 약속할 수 없으며, 누가 가장 높은 자리에 오를지는 오직 하느님께서 정하신다고 말씀하십니다.

교회에서는 공을 세우는 것보다 헌신하는 것이 더 중요합니다. 예수님의 나라에서 각자가 차지하는 자리란 권력을 뜻하지 않으며, 예수님과 얼마나 가까이 있는지를 나타냅니다.

그러므로 교회 지도자들은 우리를 위해 목숨까지 희생한 예수님에게 다가서기 위해 애써야 합니다.

예수님은 권력을 좇지 말라고 가르칩니다. 그러나 교회에는 여전히 권력을 추구하는 사람들이 있고, 그 때문에 많은 갈등이 생깁니다. 사람들은 권력을 차지하기 위해 다른 이들을 짓밟고, 더 높은 자리를 차지해 막강한 영향력을 행사하려 합니다.

권력을 향한 숨은 욕구

저는 수도원 생활을 하면서 성경 속의 이 사건이 단지 과거의 이야기가 아니라는 것을 늘 경험합니다. 저는 뮌스터슈바르차흐 수도원에서 22년째 여러 교구의 사제들과 직원들을 만나 왔습니다. 그리고 교구에서 벌어지는 갈등에 대해 자주 듣습니다.

한 평신도가 사목위원회에서 봉사하며 신도를 위해

열심히 일하고 있었습니다. 그런데 대부분의 사제들이 사목 보조자 같은 평신도들의 능력을 제대로 인정해 주지 않습니다. 사목 보조자나 교구 담당자가 아무리 맡은 소임을 훌륭히 해내도, 모든 공은 사제에게 돌아갑니다. 그렇게 평신도의 수고는 묻혀 버립니다.

분명 우리 주위에는 권력을 내려놓지 못한 사제들이 많은 것 같습니다. 사제들은 자기 마음에 들지 않는 제안을 들으면 종종 신학적 원칙을 근거로 들며 반대합니다. 하지만 실제로 그 뒤에는 권력을 향한 욕구가 숨어 있습니다.

물론 그 반대의 경우도 있습니다. 이를테면 사목 보조자나 교구 담당자도 맡은 소임 외에 권력을 갖는 데 열중할 수 있습니다. 직장이나 가정에서 제대로 인정을 받지 못해 해소되지 못한 욕구를 교구에서 채우려 하는 것이지요. 이들도 이웃 사랑이나 교구 사랑 같은 그럴듯한 이유를 내세우며 자신의 욕구를 숨깁니다.

이런 심리적 메커니즘은 교회뿐만 아니라 다른 영역에서도 나타납니다. 예를 들어 회사에서도 종종 권력과 관련된 문제가 발생합니다. 팀장은 계속해서 다른 팀의 업무에 끼어들고 비판하며 권력을 행사하려 합니다. 이때 팀장은 객관적인 주장을 내세우며 권력을 향한 자신의 욕구는 숨깁니다. 겉으로는 회사를 위해 최선을 다한다고 말하지만 사실은 자신의 욕구를 채우기 위해 최선을 다하는 겁니다.

사람은 기본적으로 권력욕을 가지고 있습니다. 그러므로 갈등이 생겼을 때는 실제적으로 대립할 만한 일인지, 아니면 권력욕에서 빚어진 문제인지 잘 살펴보아야 합니다.

루카복음서에서는 최후의 만찬에서 벌어진 제자들의 서열 다툼을 전합니다. 예수님은 제자들에게 깊은 사랑을 표한 다음, 손수 빵을 떼어 나누어 주고 포도주를 따라 줍니다. 제자들은 예수님과 하나 됨을 느낍니다.

그러나 제자들은 금세 다시 자신의 서열과 가치에 관심을 갖습니다. 예배 중에도 권력 다툼으로 서로에게 칼을 들이대는 일이 벌어집니다.

가톨릭교회에서는 종종 특정한 유형의 다툼이 벌어집니다. 그 뒤에 감추어진 메커니즘을 살펴보면 다른 교파에서 벌어지는 싸움을 이해할 때에도 도움이 됩니다. 예를 들어, 어떤 사제들은 평신도에게 강론을 허락

하지 않으면서 신학적 근거를 갖다 댑니다. 그들은 신학을 공부한 사제들만이 강론할 수 있는 사명을 지녔다고 주장합니다.

하지만 사목 보조자와 같은 평신도도 사제와 마찬가지로 신학을 공부했고, 사제만큼 혹은 훨씬 더 훌륭하게 강론을 할 수 있습니다. 그럼에도 사제는 권력과 지위를 잃지 않기 위해 신학적 근거를 방패로 삼습니다.

타인을 이끈다는 것

교회 내의 권력 다툼은 공공연히 드러나지는 않습니다. 교회는 예수님의 말씀을 따른다고 하면서도, 실제로 얼마나 극심하게 예수님의 말씀과 반대되는 행동을 하는지 인식하지 못합니다. 사명을 다한다면서 사실은 권력과 지위를 더 중시하고 있음을 모르는 것이지요.

이런 갈등을 해소하는 가장 좋은 방법은, 솔직하고 겸손하게 자신의 권력욕을 인정하는 것입니다. 자신의 권력욕을 알아차릴 때, 비로소 그것을 다룰 방법도 찾을 수 있습니다.

권력욕은 나쁜 게 아닙니다. 권력욕은 뭔가를 하려는 의지와 욕구를 지녔다는 뜻입니다. 다만 그 권력을 어디에 쓰느냐가 중요합니다. 그 권력을 자신의 지위, 자신의 커리어 혹은 자신의 명성을 위해서가 아니라 다른 사람을 위해 헌신하는 데 쓸 수 있어야 합니다.

예수님의 제자들 사이에서 일어난 갈등은 비단 교회뿐만 아니라 다른 영역에서도 생겨날 수 있습니다. 종교 단체가 아니라 기업에서도 최고 자리를 두고 갈등이 자주 생깁니다. 직원들도 예수님의 제자들처럼 제 이익과 권력을 위해 팀장과의 친분을 이용하려 합니다. 혹은 마태오복음서에서 두 아들이 어머니를 이용한 것처럼, 다른 사람이 자신을 추천하도록 합니다.

누군가 최고 자리에 오르기 위해 친분과 인맥을 이용하면, 실력으로 인정받으려 애썼던 사람은 당연히 화가 날 수밖에 없습니다. 이런 권력 다툼은 대개 불공정한 수단을 동원하여 일어납니다.

다른 사람을 잘 이끌고 다스린다는 것은 무엇을 의미할까요? 남보다 자신을 앞세우고, 자기를 높이기 위해 다른 사람을 낮추어서는 지도자가 될 수 없습니다. 모든 지도자의 과제는 다른 사람을 위해 헌신하는 것입니다. 회사에서는 직원들의 삶에 활력을 불어넣기 위해 노력하고, 직원들이 회사를 위해 잠재력을 발휘할 수 있도록 돕는 것이 팀장의 업무입니다.

그러므로 팀장이 되고 싶은 사람은 회사와 직원들을 위해 헌신할 준비부터 해야 합니다. 회사에서도 고난을 각오하라는 예수님의 말씀이 그대로 적용될 수 있습니다.

다른 사람을 이끌려면 수많은 어려움을 이기고 갈등을 헤쳐 나갈 준비가 되어 있어야 합니다.

난처한 질문에
대화의 주도권 잡기

예수님을 못마땅해 하는 사람들은 계속해서 예수님을 곤경에 빠뜨리기 위해 해결책이 없어 보이는 갈등으로 예수님을 끌어들였습니다. 예수님을 모함하고 사람들 앞에서 모욕을 주려 했습니다. 예수님 스스로 정치적 성향을 밝히도록 만들어 곤란에 처하게 하려고 온갖 계략을 짰습니다.

이와 관련된 두 가지 일화가 있습니다. 한 번은 바리

새파와 헤로데 당원 몇몇이 예수님을 찾아왔습니다. 그들은 '말로 올무를 씌우려고' 예수님께 물었습니다. (마르 12, 13)

"황제에게 세금을 내는 것이 합당합니까, 합당하지 않습니까? 바쳐야 합니까, 바치지 말아야 합니까?"(마르 12, 14)

예수님이 세금을 바쳐야 한다고 답하면, 황제에게 세금을 바치는 것에 반대하는 유대인들의 마음을 잃게 됩니다. 유대인들은 세금에 반대한다고 감히 드러내 놓고 말하진 못하지만, 가능한 한 눈에 띄지 않게 세금 문제를 처리하려고 애썼으니까요.

반면 예수님이 세금을 바치지 말라고 답하면, 헤로데 당원이 예수님을 체포할 수도 있었습니다. 이러지도 저러지도 못하는 딜레마 상황이었습니다. 하지만 예수님은 간단히 이 문제를 해결했습니다.

"예수님께서는 그들의 위선을 아시고 그들에게 말씀하셨다. '너희는 어찌하여 나를 시험하느냐? 데나리온 한 닢을 가져다 보여 다오.' 그들이 그것을 가져오자 예수님께서, '이 초상과 글자가 누구의 것이냐?' 하고 물으셨다. 그들이 '황제의 것입니다' 하고 대답하였다. 이에 예수님께서 그들에게 이르셨다. '황제의 것은 황제에게 돌려주고, 하느님의 것은 하느님께 돌려 드려라.'"
(마르 12, 15 -17)

예수님은 트집을 잡히지도 않았고 올무에 걸리지도 않습니다. 예수님은 능동적으로 대처하여 바리새파의 질문 속에 숨겨진 위선을 폭로합니다. 그들 스스로 황제의 동전을 가지고 있었으니까요.

예수님은 질문을 받는 수동적인 입장이 아니라 질문을 하는 능동적인 입장을 취합니다. 질문을 받았지만 오히려 상대방이 답하도록 되물어 대화의 주도권을 가집니다. 되물음을 통해 한숨 돌릴 여유를 가진 것입니다. 예수님은 애초에 질문에 명확히 답하지 않고, 다만 황제의 것을 황제에게 돌려주라고 말합니다. 황제의 얼굴이 새겨진 동전은 황제의 것이고, 하느님의 얼굴이 새겨진 우리는 온전히 하느님의 것입니다.

그러므로 우리는 하느님에게서 받은 모든 것을 하느님께 돌려드려야 하고, 황제에게는 황제에게서 받은 것만 돌려주면 됩니다. 이를테면 황제가 건설한 도로를 이용한다면 그에 상응하는 세금을 내면 됩니다.

예수님은 부당하게 강요받은 수동적 입장을 거부하

여 갈등을 해결합니다. 새로운 시각으로 전체 상황을 바꾸고서 오히려 상대방에게 되묻습니다. 예수님의 물음에 허를 찔린 상대방은 꼼짝없이 예수님이 내놓은 해결책을 따를 수밖에 없습니다.

"그들은 예수님께 매우 감탄하였다." (마르 12, 17)

"죄 없는 자가 돌을 던져라"

율법학자들과 바리새인들이 간음하다 현장에서 붙잡힌 여자를 예수님 앞에 데려온 일화도 이와 비슷합니다. 그들은 모세의 율법을 근거로 내세우며, 여자를 돌로 쳐 죽여야 하는지 묻습니다.

"스승님의 생각은 어떠하십니까?" (요한 8, 5)

역시 해결책이 없어 보이는 갈등 상황입니다. 율법학자들과 바리새인들은 정말로 예수님의 대답을 원하는 게 아닙니다.

"예수님을 시험하여 고소할 구실을 만들려고 그렇게 말한 것" 뿐입니다. (요한 8, 6) 예수님이 안 된다고 답한다면, 그것은 돌로 쳐 죽이라는 모세의 율법을 부정하는 것입니다. 하지만 돌로 쳐 죽이라고 답한다면, 유대인들에게 사사로이 사형을 집행하는 것을 금지시킨 로마법을 어기는 것이 됩니다. 그러므로 돌로 쳐 죽이라고 말하는 순간 예수님은 법을 위반하는 것으로 고발당할 수 있습니다. 뿐만 아니라 이런 가혹한 형벌은 예수님이 평소 강조했던 복음의 메시지에 어긋나기 때문에 그동안 예수님을 따랐던 많은 사람들이 크게 실망할 것입니다.

그때 예수님은 질문에 답하지 않고 몸을 굽혀 손가락으로 모래에 무엇인가 쓰기 시작합니다. 창의적인 해결책을 찾아낼 시간을 벌기 위해 잠시 물러나 생각에 잠긴 거라 생각할 수도 있습니다. 모래에 글을 쓰는 것은 일종의 브레인스토밍이라 여길 수도 있겠지요. 하지만 예수님의 행동을 상징적으로 이해할 수도 있습니다.

모든 율법이 모래에 적히고, 이제 예수님이 그 율법을 완성합니다. 어떤 글자가 쓰였는지는 중요하지 않습니다. 예수님의 뜻대로 율법이 완성되었다는 그 사실이 중요합니다. 율법학자들과 바리새인들이 초조해하며 줄곧 물어대자 예수님은 몸을 일으켜 기발한 한마디를 합니다. 예수님의 그 한마디가 갈등 상황을 뒤집어 놓습니다.

"너희 가운데 죄 없는 자가 먼저 저 여자에게 돌을 던져라."(요한 8, 7)

이제 예수님이 율법학자들과 바리새인들을 해결하기 힘든 갈등에 빠뜨립니다. 질문한 자들은 이제 딜레마에 빠집니다. 어떻게든 여자에게 돌을 던져야 할 것 같지만, 그들은 하느님 앞에 죄 없는 자는 존재하지 않는다는 걸 너무나 잘 알고 있습니다.

결국 나이 많은 자들부터 하나씩 하나씩 그 자리를 뜹니다. 예수님은 물러나는 사람들을 보지 않고, 다시 몸을 굽혀 땅에 무엇인가를 씁니다. 예수님은 율법학자들과 바리새인들에게 선택의 자유를 준 것입니다.

하지만 예수님은 어느 누구도 감히 죄 없는 사람이라 자칭하며 앞에 나서지 못하리란 걸 알고 있습니다. 예수님이 다시 몸을 일으켰을 때, 그곳에는 아무도 남지 않고 끌려왔던 여자만 가운데 그대로 서 있습니다. 예수님이 여자에게 묻습니다.

"여인아, 그자들이 어디 있느냐? 너를 단죄한 자가 아무도 없느냐?"

여자가 대답합니다.

"주여, 아무도 없습니다."

그러자 예수님이 여자에게 이릅니다.

"나도 너를 단죄하지 않는다. 가거라. 그리고 이제부터 다시는 죄짓지 마라." (요한 8, 10 -11 참조)

앞의 두 일화에서는 해결하기 힘든 갈등을 다룹니다. 예수님은 딜레마를 지혜롭게 해결합니다. 율법학자들과 바리새인들 그리고 헤로데 당원들은 예수님을 함정에 빠뜨려 고발하고 파멸시키기 위해 해결하기 힘든 갈등을 이용합니다.

오늘날 우리도 때때로 이런 경험을 합니다. 상대방이 갈등을 이용해 공격해 올 때가 있습니다. 그들이 쳐 놓은 덫에 걸리지 않으려면 예수님의 여유와 지혜가 필요합니다.

우리는 이 일화를 통해 상대방이 강요하는 수동적인 역할에 얽매이지 않는 법을 예수님께 배울 수 있습니다. 그렇게 하려면 우선 자기 자신에게 집중해야 합니다. 여유를 가지고 영혼 깊은 곳에 귀를 기울여야 합니다. 그러면 딜레마에서 벗어날 수 있는 좋은 방법이 떠오르게 될 것입니다. 예수님처럼 되묻는 방법을 통해 갈등 해결의 주도권을 잡을 수 있습니다. 이를테면 상대방의 질문에 답하려 애쓰는 대신, 오히려 대답을 피할 수 없는 질문을 상대방에게 던지는 것입니다. 그러면 시간을 버는 동시에 상대방을 딜레마에 빠뜨릴 수 있습니다. 상대방은 제 주장에 발이 걸려 넘어지고, 스스로 계략을 폭로하는 자가당착에 빠집니다.

만약 대답하기 곤란한 질문을 받게 되었다면 즉각적으로 반응하거나 대답하는 대신, 그 순간 마음에서 어떤 감정이 일어나는지 잘 관찰하십시오. 그러면 상대방의 질문이 사실은 전혀 다른 의도를 지닌 함정인지 아닌지 알아차릴 수 있습니다.

상대방의 계략을 통찰하려면 내적인 자유와 집중력이 필요합니다. 그래서 잠시 가만히 앉아 기도를 하면 도움이 됩니다. 분명 적절한 대처법이 기도 중에 떠오를 겁니다.

함정에 빠지지 않고
도움을 주는 법

직원 A가 사장에게 직원 B의 잘못을 알립니다. B가 자기 돈을 훔쳐갔다고요. 만약 사장이 이 얘기를 듣자마자 B를 불러 취조하며 해고하겠다고 위협하면 어떻게 될까요? 사장은 A에게 이용만 당하게 될 수도 있습니다.

그렇다면 A의 이야기를 듣고 나서 공공연하게 조사를 시작하면 어떻게 될까요? 직원들 사이에 신뢰는 깨지고 사장의 권위도 흔들리게 됩니다.

사장이라면 예수님처럼 침착하게 이렇게 물어야 합니다.

"증거가 있습니까? 왜 그런 의심을 하게 되었습니까?"

그러면 정말로 타당한 의심인지 아니면 라이벌 경쟁이나 시기심에서 비롯된 모함인지 명확해질 겁니다. 사장은 이 간단한 질문으로, A가 사장에게 강요하려던 역할을 거부할 수 있습니다.

A의 의심이 타당해 보이면, 사장은 이렇게 물을 수 있습니다.

"어떻게 하면 좋겠습니까?"

이 질문은 사장에게 시간을 벌어 줍니다. A의 제안이 맘에 들지 않으면 이렇게 대답하면 됩니다.

"적절한 방법을 생각해 보죠."

굳이 해명이나 변명을 하지 않아도 됩니다. 사장은 A

가 요구한 역할에서 벗어나 스스로 주도권을 잡을 수 있게 됩니다.

교회에서도 종종 따돌림 당하는 사람을 뒤에서 헐뜯는 일이 벌어집니다. 이때 교회 지도자는 어떻게 해야 할까요? 사제나 교회 원로가 이런 험담을 그대로 믿고 바로 조치를 취하면, 결국 험담한 자에게 이용당하게 됩니다. 남을 헐뜯는 사람에게 힘을 실어 주면 안 됩니다. 그런 사람은 힘을 가질 자격이 없습니다.

신자가 직접 사제를 찾아와 다른 신자나 사목 보조자의 잘못된 행동을 지적하며 조치를 취해 달라고 청할 때에도, 사제는 예수님처럼 되물으며 주도권을 쥐어야 합니다. 그러면 다른 사람이 파 놓은 함정에 빠지지 않고 그들의 이기심에 휘둘리지 않을 수 있습니다.

예수님이 "죄 없는 사람이 먼저 돌을 던지라"고 하신 것과 같은 방법이 도움이 됩니다. 사제는 이렇게 물을 수 있습니다.

"그 사람에게 뭐라고 말하고 싶습니까?"

사제를 찾아와 다른 사람의 잘못을 이르는 사람은 사제를 이용해 그 사람을 문책하려는 것입니다. 그러나 중요한 것은 잘못을 밝히고 벌하는 것이 아닙니다. 인간은 누구나 잘못을 저지르며 삽니다.

그러므로 사제는 이 점을 일깨우고 잘못한 사람을 대하는 태도에 대해 말해야 합니다. 예수님은 "죄 없는 사람이 먼저 돌을 던지라"고 말씀하시며, 율법학자들과 바리새인들을 벌하지 않으면서도 잘못을 깨우치게 할 수 있었습니다.

사제가 "남을 헐뜯는 건 좋은 일이 아닙니다!" 하며 꾸짖는다면 어떻게 될까요? 이것은 결코 현명한 대처가 아닙니다. 고자질하는 사람을 훈계하거나 꾸짖게 되면 그 사람과 권력 다툼이 벌어집니다. 그는 사제가 임무를 게을리한다며 분노할 것입니다.

이때는 잘못한 사람을 대하는 바른 태도에 대해 되묻는 것이 현명한 반응입니다.

"잘못을 저지른 사람을 평소 어떻게 대하십니까? 어떻게 해야 당신이 지금 말씀하신 그 사람을 도울 수 있겠습니까?"

되물음을 통해 사제는 상대방이 파 놓은 함정에서 빠져나와 실제적인 도움을 줄 수 있습니다.

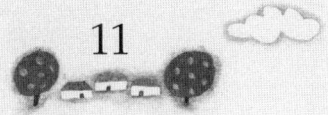

적을 친구로 만드는 예수님의 지혜

먼저 단둘이 만나 이야기하라 | 제3자를 대화에 초대하라 | 몇 번을 용서해야 할까? | 깊은 상처를 치유하는 용서의 5단계 | 보복의 악순환에서 벗어나기 | 상대를 축복할 때 일어나는 기적 | 내가 미워하는 상대도 하느님의 사랑을 받는 귀한 사람이다 | 사랑하되 일정한 거리를 유지하라 | 의견 대립과 관계 갈등을 구분하라 | 적대감을 가진 이들과 평화 협정을 맺는 법 | 누구도 상처 받지 않을 공정한 타협점 | 적을 친구로 만드는 7가지 방법

"네 형제가 너에게 죄를 짓거든, 가서 단 둘이 만나 그를 타일러라.
그가 네 말을 들으면 네가 그 형제를 얻은 것이다.
그러나 그가 네 말을 듣지 않거든 한 사람이나
두 사람을 더 데리고 가거라. 모든 일을 둘이나 세 증인의 말로
확정 지어야 하기 때문이다."
(마태 18, 21)

예수님은 복음서에서 제자들 사이에 생길 거라 예상되는 다양한 갈등에 대해 말씀하십니다. 예수님의 지혜가 담긴 말씀을 통해 오늘날 우리가 삶 속에서 부딪치는 갈등을 해결할 때 도움을 얻을 수 있습니다.

먼저 단둘이 만나 이야기하라

마태오복음서 18장은 그리스도교 신자들이 공동체에서 겪을 수 있는 갈등과 그 해소법을 간략히 소개합니다. 그래서 이 장을 '그리스도 공동체의 규칙'이라 부르기도 합니다.

여기에서 예수님은 갈등 해결을 위해 많은 조언을 합니다. 그리고 교회에서 형제들 간의 마찰과 갈등이 일어날 것을 예상하고 다양한 전략을 제시합니다.

"네 형제가 너에게 죄를 짓거든, 가서 단둘이 만나 그를 타일러라. 그가 네 말을 들으면 네가 그 형제를 얻을 것이다. 그러나 그가 네 말을 듣지 않거든 한 사람이나 두 사람을 더 데리고 가거라. 모든 일을 둘이나 세 증인의 말로 확정 지어야 하기 때문이다. 그가 그들의 말을 들으려고 하지 않거든 교회에 알려라. 교회의 말도 들으려고 하지 않거든 그를 다른 민족 사람이나 세리처럼 여겨라." (마태 18, 15 -17)

갈등 해결이란 본래 상대방을 걱정하고 이해하여 화해함을 뜻하는데, 마태오복음서에서는 상대방을 걱정하는 것뿐 아니라 배제하는 것 역시 해결 방법 중 하나라고 이야기합니다. 그래서 많은 성경 해석자들이 이것을 해석하는 데 애를 먹습니다.

그러나 가장 중요한 것은 서로에 대한 책임입니다. 유대교에서는 전통적으로 충고를 중시했습니다. 마태오는 그러한 유대교 전통을 기반으로 그리스도 공동체의 규칙을 만들었습니다. 공동체 생활을 해치는 형제의 태도에 주의를 주고 충고하는 일은 모든 신자들의 책임에 속합니다.

마태오복음서 18장 15절을 보면 "네 형제가 너에게 죄를 짓거든, 가서 단둘이 만나 그를 타일러라"라고 했습니다. 성경을 번역하는 과정에서 온전히 뜻이 전달되지 못했는데, 여기에서 말하는 죄란 신자들이 빚어낸 갈등을 말하고, 타이르는 것은 훈계가 아니라 솔직한 대화를 시도하라는 뜻입니다.

그러므로 다른 사람이 잘못을 하면 먼저 그 사람을 만나 이야기해야 합니다. 도덕적인 설교를 할 것이 아니라 자기 생각을 구체적으로 이야기하되 무엇보다 상대방의 행동 때문에 생긴 상처와 아픔을 표현해야 합니다. 상대방을 심판하는 것이 아니라 상대방의 행동이 끼친 영향과 그로 인해 생긴 감정이나 반응을 말하는 것입니다.

"그가 네 말을 들으면 네가 그 형제를 얻은 것이다."
(마태 18, 15)

성경 말씀대로 상대방은 귀 기울여야 합니다. 비난으로 받아들일 것이 아니라 나의 생각과 감정을 들어야 합니다. 그리고 나는 객관적인 주장을 내세울 것이 아니라 감정을 솔직하게 표현해야 합니다. 상대방이 내 말을 듣고 그와 나 사이에 관계가 형성되면, 나는 형제를 얻을 것입니다. 귀를 기울일 때 서로에게 속하게 되고, 새로운 공동체가 생겨납니다. 그래서 두 사람 사이의 갈등은 매우 중요합니다. 나는 상대방과 대화하며 갈등을 설명해야 합니다. 그러면 대화를 통해 나와 상대방 사이에 새로운 관계가 형성됩니다.

첫 대화가 실패로 끝나더라도 한두 번 더 찾아가 새로운 대화를 시도해야 합니다.

명심하십시오. '그 사람에 대하여' 얘기하지 말고, '그 사람과' 얘기해야 합니다. 남들과는 상관없이 단둘이 만나 대화하고, 상대방이 잘못된 행동을 스스로 조용히 고칠 수 있도록 가능한 한 최선을 다해야 합니다.

대화의 목표는 형제를 얻는 것, 즉 그가 다시 공동체와 하나가 될 수 있도록 만드는 것이어야 합니다.

마태오는 신명기를 인용하여 이렇게 말합니다.

"어떤 죄나 잘못이든지, 증인 한 사람만으로는 그 증언이 성립되지 못하고, 증인 둘이나 셋의 증언이 있어야 유죄가 성립된다."(신명 19, 15)

이 규칙은 죄를 지은 사람을 위한 것입니다. 그 때문에 피해를 입었다는 사람보다 그를 이해해 주는 사람의 말을 더 많이 들어 보아야 합니다. 증인은 오히려 갈등과 피해 상황을 더 명쾌하게 해명할 수 있습니다. 갈등 당사자는 상황을 객관적으로 보지 못할 수도 있기 때문입니다. 제3자인 증인들이 '피고인'을 추궁하지 않고 오히려 그의 손을 들어줄지 모릅니다. 또한 그의 행동을 다른 시각으로 볼 수도 있습니다. 대화의 목표는 그들을 화해시켜 공동체에 끼치는 피해를 줄이는 데 있습니다.

잘못을 저지른 사람이 독선적일 때, 이를테면 다른 사람의 충고를 전혀 들으려 하지 않을 때에는 교회에 알려야 합니다. 그러면 교회가 사건을 조사하고 판단하고 해결합니다. 잘못을 저지른 사람이 다른 사람의 말을 들으려 하지 않을 때나 절대적으로 자기가 옳다고 믿고 자기가 틀렸을 수도 있음을 전혀 생각하지 않을 때, 그리고 한마디로 모든 소통을 완전히 차단할 때 교회도 그 사람에게서 등을 돌립니다.

그러나 마태오는 이런 단절이 영원하지 않다고 말합니다. 초기 그리스도 공동체에 대한 여러 해석을 보면 이것은 단지 다른 신자들에게 모범을 보이기 위한 일시적인 단절일 뿐입니다.

갈등 당사자가 스스로 갈등을 해결할 수 없을 때가

많습니다. 이때 다른 사람 몇 명을 대화에 동참하도록 하면 도움이 됩니다.

제3자를 대화에 초대하라

두 사람이 문제를 해결할 수 없으면 제3자를 대화에 초대하십시오. 틀림없이 주변에 믿을 만한 사람이 있을 겁니다. 이미 둘의 대화를 듣고 있던 누군가에게 중재를 부탁해도 됩니다.

대화를 할 때에는 책임이 상대방에게 있다고 생각하면 안 됩니다. 마태오는 한 사람에게 잘못이 있고 다른 사람이 그것을 바로잡는 상황에 대해 이야기합니다만, 대개의 갈등 상황에서는 잘잘못이 그렇게 명확하지 않습니다.

교회가 한 사람을 심판대에 세우는 상황을 만들어선 안 됩니다. 교회 차원에서 대화를 한다는 것은 단죄를 위함이 아니고, 갈등을 보다 폭넓게 살펴서 갈등 당사자들의 관계를 회복하기 위함입니다.

그러나 갈등을 일으킨 사람이 상대방뿐 아니라 교회와 충돌하는 상황이 생길 수 있습니다. 그러면 마태오가 말한 것처럼 그를 다시 교회에 통합시키려는 노력부터 해야 합니다. 이것조차 실패한다면, 교회는 그와 단절하겠다는 사실을 명확히 전달해야 합니다.

그가 이러한 단절을 어떻게 이해하는가가 중요합니다. 교회로부터 버림받았다는 사실을 인식하는 것은 그에게 도움을 줍니다. 교회와 다시 통합할 수 있는 방법을 찾을지, 아니면 교회와 세계관이 다름을 확인하고 교회에서 떠날지, 그가 스스로 선택할 수 있습니다.

이런 방식으로 갈등을 해소하는 것을 '서로를 존중하는 충돌'이라고 합니다. 우리는 어떤 사람의 행동 때문에 그와 충돌합니다. 그러나 언제나 그의 가치를 인정해 주어야 합니다. 그 역시 교회의 중요한 일원이기 때문에 가능하다면 교회에 통합시키고자 한다는 사실을 그 사람에게 이해시켜야 합니다. 언제나 목표는 모두 함께 배에 타고 서로 도우며 노를 저을 수 있게 하는 것이어야 합니다.

이제 수도원의 사례를 한번 살펴볼까요? 수사들도 인간적인 관계에서 갈등을 일으킬 때가 있습니다.

어떤 수사가 옆방 수사의 라디오 소리 때문에 짜증이 났습니다. 그는 옆방 수사를 따로 불러 라디오 소리를 조금만 줄여 달라고 청했습니다. 라디오 소리 때문에 명상이 힘들고 조용히 책을 읽을 수 없다고 설명했습니다. 하지만 옆방 수사는 그의 말을 귀담아 듣지 않았습니다. 라디오 소리가 그렇게 큰 것도 아니고, 자신도 다른 사람을 방해하지 않으려고 애쓴다며 퉁명스럽게 대꾸했습니다.

두 사람이 따로 만나 나눈 대화는 갈등 해결에 전혀 도움이 되지 않았습니다. 라디오 소리는 변함없이 큽니다. 이때는 갈등 당사자 외에 다른 사람들을 대화에 참여시켜야 합니다. 중재자로 대화에 낀 다른 사람들은 양측의 주장을 경청한 후 갈등 당사자 두 사람에게 어떻게 하는 것이 좋을지, 상대방에게 원하는 것이 무엇인지 물은 후, 갈등을 해소할 수 있는 방법을 제안할 수 있습니다.

라디오를 크게 듣는 수사에게 이어폰을 사도록 하는 방법도 있고, 혹은 정해진 시간에는 반드시 라디오를 끄기로 약속하는 방법도 있습니다.

이렇게까지 했는데도 갈등이 해결되지 않으면 수도원 전체에 알리진 않더라도 원장에게 문제를 해결해 달라고 도움을 청할 수 있습니다.

물론 그런 태도 때문에 수사를 수도원에서 쫓아낼 수는 없지만 적어도 그에게 자기 행동을 반성하고 바꾸도록 압박할 수는 있습니다.

성 베네딕트 규칙서에서는 마태오복음서 18장을 두 번이나 인용합니다. 성 베네딕트는 수도원의 갈등을 해소하는 중요한 규칙을 복음서에서 찾아냈습니다.

회사에서도 마태오복음서에서 제안했듯이, 두 사람이나 두 부서가 풀지 못하는 갈등이 생기면 중재를 합니다. 중재자는 갈등 당사자 모두가 각자의 입장을 밝힐 기회를 줍니다. 중재자는 잘잘못을 판단하지 않고 결론을 내리지도 않습니다. 다만 양측이 경기 규칙을 잘 지키도록 심판 역할만 합니다. 합의는 갈등 당사자 스스로가 이루어 내야 합니다.

이때 중재자는 양쪽 누구에게도 이용당하지 않도록 주의해야 합니다. 또한 자기 생각을 표현해선 안 되며, 오로지 갈등 당사자의 대화가 공정하게 진행되도록 해야 합니다. 중재자가 자신이 생각해 낸 해결책을 관철시키려 하면 오히려 새로운 갈등이 생길 것입니다.

갈등 당사자가 타협점을 찾아 해결책을 마련하면 중재자는 그 해결책이 실천되고 지켜지도록 도와야 합니다. 양쪽 모두가 해결책을 이해했고 받아들일 준비가 되었는지 점검할 수 있는 기한을 미리 정해 두는 것이 좋습니다.

눈에 띄는 갈등만 중재자가 필요한 것은 아닙니다. 수도원에서 열리는 원로 회의나 수도원 회의는 원장이나 재무 담당자가 아니라 언제나 중재자가 진행합니다. 특정 프로젝트를 추진하려는 원장이나 재무 담당자가 회의를 이끌면, 객관성을 유지하기 힘들기 때문입니다. 때로는 자기주장을 관철시키기 위해 다른 사람들에게 충분한 발언권을 주지 않을지도 모릅니다.

회사에서도 마찬가지입니다. 사장이 임원들과 기획 회의를 할 때, 사장은 회의를 진행하면 안 됩니다. 그러면 자유로운 토론이 불가능해집니다. 토론은 사장의 뜻대로 진행될 것입니다.

중립적인 중재자가 회의를 진행하면 새로운 아이디어에 대한 의견을 더 분명하게 거론할 수 있습니다. 또한 찬성과 반대의 의견이 구체적으로 제시됩니다. 당연히 사장은 자신의 기획에 대해 소개해도 되지만, 회의가 자유롭고 솔직하게 진행되려면 독립된 중재자가 필요합니다.

중재자는 갈등을 해소하기 위해 조정하는 역할을 맡습니다. 갈등 당사자가 서로 합의점을 찾지 못할 때 주로 중재자가 투입됩니다. 임금 협상 때 빈번하게 발생하는 일입니다.

찬성과 반대의 의견이 격렬하게 충돌했던 '슈투트가르트 21 프로젝트'(슈투트가르트의 대규모 도시계획 프로젝트 - 옮긴이)에서도 결국 중재자를 두기로 합의하고, 양측이 함께 중재자를 골랐습니다. 그리고 중재자의 판단을 받아들이기로 약속했습니다.

이런 방법이 항상 성공하는 건 아닙니다. 때로는 논쟁이 가열되고 합의에 이르기가 더욱 힘들어질 수도 있습니다.

그러나 이런 상황은 갈등 당사자들이 약속을 어겼기 때문에 발생합니다. 중재자를 선임한다는 것은 중재자의 판단을 수용하고, 그에 따르기로 약속하는 것입니다. 그런데 갈등 당사자들이 자신의 감정, 이익을 앞세우며 고집을 포기하지 않은 탓에 합의에 이르지 못하게 된 것입니다.

몇 번을 용서해야 할까?

교회에서는 중재 이외에도 한 가지가 더 필요합니다. 교회가 성공적으로 갈등을 해결하려면 무엇보다 끝없는 용서가 필요합니다.

베드로가 예수님께 묻습니다.

"주님, 제 형제가 저에게 죄를 지으면 몇 번이나 용서해 주어야 합니까? 일곱 번까지 해야 합니까?" (마태 18, 21)

베드로는 몇 번이나 용서를 해야 하는지 물으며 은근히 자신의 관대함을 자랑합니다. 유대인들 사이에서는 잘못을 두세 번 정도 용서하는 것이 일반적입니다. 베드로는 바리새파보다 더 많이 용서할 준비가 되어 있다고 말한 것입니다.

그런데 예수님은 베드로에게 끝없이 용서하라 말합니다. 어쩌면 베드로는 몇 번이나 용서해야 하는지가 아니라 자신의 용서가 완전한지 확인받고 싶었는지도 모릅니다. '7'이라는 숫자는 완전함을 뜻하니까요.

그러나 일곱 번만으로는 부족했던 걸까요? 예수님은 "일곱 번이 아니라 일흔일곱 번까지라도 용서해야 한

다"고 대답합니다. (마태 18, 22)

"완전함 중에서도 가장 완전하게, 한없이, 끝없이, 헤아릴 수 없이 반복되는 용서"를 예수님께서는 베드로에게 요구합니다. (울리히 루츠, 마태 주석 3, 62)

예수님은 무한한 용서를 가장 중요하게 생각했습니다. 용서의 횟수도 중요하지만 용서의 방식도 중요합니다. 마음을 다해 완전하게 용서해야 합니다. 머리뿐 아니라 마음속 깊은 무의식에서도 용서해야 합니다. 하느님의 용서처럼 완전해야 진정한 용서입니다.

갈등 당사자 두 사람이 서로 용서할 준비가 되어 있지 않으면, 즉 옛날 상처에서 벗어나 더 이상 그것을 문제 삼지 않는 수준에 이르지 못하면 결코 풀 수 없는 갈등이 있습니다. 주로 부부가 이런 갈등을 겪습니다.

부부는 늘 용서할 준비가 되어 있어야 좋은 관계를 유지할 수 있습니다. 용서할 줄 모르는 부부는 언제나 상대방으로 인한 과거의 상처를 구실 삼아 갈등 해결을 회피하고 상대방을 탓합니다. 상대방의 잘못된 행실이 문제라며 늘 상대방을 비난합니다. 이것은 상대방에게 평생 죄인처럼 살라고 강요하는 것과 같습니다. 이런 태도는 관계를 파괴합니다.

상대방을 용서할 준비가 안 된 사람은 상대방의 진심어린 조언도 받아들이지 못합니다. 조언을 받아들이기 전에 먼저 이런 생각이 들기 때문입니다.

"가슴에 손을 얹고 생각해 봐. 예전에 당신이 내게 얼마나 큰 상처를 주었는지 알아?"

그러면서 평생 상대방을 비난하며 삽니다.

"당신이 잘못했어."

"당신 때문에 상처 받았어."

"당신은 약속을 어겼고, 나를 실망시켰어."

이런 생각에 사로잡혀 사는 사람은 늘 상대방이 사과하기를 기대합니다. 하지만 부부 사이에 일어난 일에 대해서는 누가 누구에게 상처를 주었는지 가려내기가 쉽지 않습니다. 대부분 두 사람 모두 용서해야 할 몫을 갖고 있습니다. 가령 아내는 상처를 준 남편을 용서해야 합니다. 남편은 상처를 내세워 남편을 거부하고 멀리한 아내를 용서해야 합니다. 말하자면 예전에 저지른 잘못과 그로 인해 받은 상처를 무기로 언제나 상대방에게 사과를 강요하고 새로 시작할 기회를 주지 않는 부부는 서로가 서로를 용서해야 합니다.

깊은 상처를 치유하는
용서의 5단계

 갈등을 진정으로 해소할 수 있는 수준의 용서를 시도해야 합니다. 어떻게 해야 이런 수준의 용서를 할 수 있을까요? 깊은 상처와 갈등을 치유하는 데 도움이 되는 용서의 5단계를 소개하겠습니다.

 제1단계는 먼저 아픔을 있는 그대로 온전히 느끼는 것입니다. 상대방에게 사과를 강요하여 서둘러 아픔을 없애려 하지 마십시오. 상대방의 태도에서 비롯된 아픔을 고스란히 느끼십시오.

 제2단계는 내적으로 상대방과 거리를 두기 위해 분노할 수 있어야 합니다. 상처 받았다고 느끼는 한 상대방을 용서할 수 없습니다. 상처를 입는다는 것은 상대방이 나를 압도할 정도로 많은 영향을 끼치고 있다는 증거이기 때문입니다.

 상대방을 용서하려면 내적인 거리가 필요하고, 내적인 거리를 두고 스스로 평온을 찾으려면 먼저 분노해야 합니다. 상처 입은 사람은 흔히 스스로 무력하다고 느낍니다. 그러므로 다시 힘을 내어 자신과 자신의 힘을 느끼려면 자신의 분노부터 느낄 줄 알아야 합니다.

제3단계는 갈등 상황을 객관적으로 보는 것입니다. 어쩌다 이런 일이 벌어졌을까? 무엇이 나를 아프게 하는 걸까? 오해가 있었던 건 아닐까? 실제 논쟁과는 무관했던 어떤 것이 갈등에 개입된 건 아닐까? 상대방이 모욕감 때문에 나를 공격하는 건 아닐까? 유년 시절의 절망이나 상처를 내게 투사한 건 아닐까?

이와 같이 지금 무슨 일이 벌어지고 있는지 이해하려 애쓰십시오. 갈등 상황을 이해할 수 있을 때 스스로 자기편이 될 수 있습니다. 그것이 갈등 해결을 위한 전제조건입니다.

제4단계는 상대방을 용서하고 마음속에 생긴 부정적 에너지에서 벗어나는 것입니다. 용서는 남이 아니라 나를 위해 하는 것입니다. 즉 용서는 상대방의 부정적 에너지에서 벗어나 나를 정화하는 것입니다. 내게 상처를 주는 다른 사람의 행동을 그냥 흘려보내는 것이 용서입니다. 용서하지 않으면 나는 상대방의 부정적 에너지에 갇혀 그 힘에 압도되고 맙니다.

용서는 다른 사람의 부정적 에너지로부터 나를 자유롭게 합니다. 용서하면 내 뜻대로 나의 길을 걸어갈 수 있습니다. 용서는 상대방을 끌어안는 것이 아닙니다. 용서를 했더라도, 영혼의 상처가 너무 깊어 상대방과 아주 친밀하게 지내기 어려울 때가 있습니다. 용서 후에 그 사람과 어떤 관계를 맺을지에 대해서도 잘 생각해야 합니다. 더 거리를 두고 지낼 수도 있고, 마음의 문을 활짝 열고 더 가깝게 지낼 수도 있습니다.

용서가 반드시 과거를 잊는다는 뜻은 아닙니다. 완전히 잊을 수는 없더라도 과거에 발생한 일에서 자유로워질 수 있습니다. 용서란 내 행동과 감정이 더는 과거의 영향을 받지 않는다는 것, 과거의 일을 내려놓거나 다른 사람에게 맡길 수 있음을 뜻합니다.

제5단계는 상처를 통해 결실을 얻는 것입니다. 갈등을 통해 우리는 좀 더 발전할 수 있습니다. 갈등을 통해 새로운 해결책을 찾고, 좋은 관계를 맺을 수 있는 자세를 배우게 됩니다. 갈등을 통해 진짜 자신의 마음과 숨겨진 능력을 발견할 수 있습니다. 또한 상처를 통해 진정한 자아를 찾고 새로운 가능성을 향해 나아가게 됩니다.

갈등은 나를 겸손하게 만듭니다. 갈등은 내 어두운 그림자를 보여 줍니다. 갈등을 통해 우리는 마음이 약하고 예민한 사람을 대하는 방법을 배웁니다. 이때 우리는 상대방을 비난하지 않고 자신도 비난하지 않게 됩니다.

그러면 우리는 서로를 좀 더 배려할 수 있습니다. 갈등을 통해 오히려 사랑이 자라고, 사랑은 나와 상대방의 마음속에 숨어 있는 상처를 이해하고 받아들일 수 있게 합니다.

가정과 회사, 교회 같은 공동체 안에서 서로가 서로를 용서하지 않으면, 우리는 늘 다른 사람의 실수를 질책하거나, 누구의 상처가 더 큰지, 혹은 누구의 잘못이 더 큰지 따지며 끝없이 계산하게 됩니다.

그런 계산은 갈등 해결에 도움이 되지 않습니다. 상대방에게 되갚을 기회만 엿보며 마음속에 차곡차곡 쌓아 두면 결국 둘은 커다란 분노의 산 앞에 마주 서게 됩니다. 그러다 보면 잘잘못을 계산함과 동시에 보복을 준비하는 악순환을 거듭하게 됩니다. 상처를 받았을 때 똑같이 상처를 주어 보복하다 보면 그 강도는 점점 더 세집니다. 더 큰 상처를 주려 애쓰며 서로를 자극합니다.

회사에서도 이런 보복의 악순환이 반복되는 경우가

있습니다. A 부서가 B 부서에 잘못을 하고, B 부서는 이것을 기억해 두었다가 A 부서에 보복합니다. 과거의 상처로 생긴 빚을 완전히 갚을 때까지 보복의 악순환은 계속됩니다.

그러므로 공동체에서 용서는 상처와 갈등을 해결하는 중요한 방법입니다. 단, 이때는 적절한 방식의 용서가 필요합니다. 여비서와의 갈등을 해소하고자 하는 사장을 예로 들어보겠습니다.

사장이 비서를 심하게 야단쳤고, 그 후 비서는 입을 닫아 버렸습니다. 사장은 심하게 말한 데 대해 사과하고 싶었습니다. 그리고 비서가 어떤 태도를 보일 때 참기 힘든지, 어떤 행동이 화나게 하는지 명확히 전달하고 싶었습니다. 비서와 잘 지낼 수 있는 새로운 길을 찾으려 했던 것이지요. 그런데 비서가 이렇게 말합니다.

"좋아요. 예수님의 이름으로 사장님을 용서하겠어요."

사장은 따귀를 한 대 맞은 것처럼 당혹스럽습니다. 비서는 확실히 자기에겐 아무 잘못이 없다고 믿는 것 같습니다. 모든 문제의 책임을 사장에게 미루고, 사장의 잘못을 조목조목 따진 후 '관대하게도' 사장을 용서하겠다고 말합니다.

그러나 이런 방법으로는 갈등을 해결하지 못합니다. 용서를 하려면 먼저 자기 잘못부터 고백해야 합니다. 서로 자기 잘못을 고백해야 용서도 가능하고 갈등도 해결됩니다.

다른 사람에게 모든 잘못을 미루고 자신은 관대하게 용서를 베풀겠다는 태도는 자신을 상대방보다 우위에 두는 행위입니다. 이것은 예수님이 말하는 용서가 아닙니다. 상대방과 눈높이를 맞추고 새로운 관계를 맺으려 노력하는 것이 예수님의 용서입니다.

보복의 악순환에서 벗어나기

우리는 매일 신문에서 갈등 상황을 보게 됩니다. 사람들이 모인 곳이면 언제나 크고 작은 전쟁, 노사 분쟁, 당파 싸움 같은 갈등이 생깁니다. 이익 갈등, 분배 갈등, 권력 갈등처럼 강자는 힘으로 이러한 갈등을 해결하려 합니다.

그러나 힘으로 억누를수록 저항은 더욱 거세집니다. 폭력이 더 많은 폭력을 불러서 폭력의 악순환이 반복됩니다. 수십 년간 지속된 이스라엘과 팔레스타인의 갈등이나 북아일랜드에서 벌어진 가톨릭과 개신교의 갈등이 대표적인 사례입니다. 이런 갈등은 보복의 악순환에서 벗어나야만 비로소 해소됩니다.

예수님은 산상설교에서 보복의 악순환에서 벗어날 수 있는 창의적인 방법을 알려줍니다. 나를 아프게 한 사람과 잘 지낼 수 있는 기발한 해결책을 제안하면서 예수님은 규범이 아니라 구체적인 사례를 통해 계산과 보복의 악순환에서 벗어나는 방법을 설명합니다.

예수님이 제시하는 창의적인 갈등 해소법 4가지를 살펴봅시다.

첫째, 자신의 정당함을 입증하려 애쓰지 마십시오. 누군가 해를 끼치면 우리는 소송을 제기합니다. 그리고 반드시 재판에서 이기고자 합니다. 예수님은 소송을 걸지 말라고 말합니다. "악인에게 맞서지 마라"는 예수님의 말씀은 이렇게 이해할 수 있습니다. (마태 5, 39)

"너희에게 나쁜 짓을 한 사람들에게 어떤 저항도 하지 말라."

하느님의 사랑을 받는 사람은 굳이 자신의 정당함을 입증하지 않아도 됩니다. 다시 말해 하느님의 사랑을 받는 우리는 정당함을 인정받기 위해 애쓰지 않아도 됩니다. 스스로 옳다고 여기는 것을 차분하게 행하는 편이 낫습니다.

갈등이 일어났을 때 소리 높여 나의 정당함을 내세우면 상대방 역시 자신의 정당함을 입증하기 위해 싸우려 들 것입니다. 그러면 승자와 패자만 남게 됩니다. 한 사람이 옳다면 다른 사람은 틀린 것이 되기 때문입니다.

하느님이 보시기에 올바르게 사는 것이 다른 사람에게 옳다고 인정받는 것보다 더 중요합니다. 내가 내 생각대로 살 권리가 있다면, 상대방 역시 제 생각대로 살 권리가 있는 것입니다. 이것을 인정해야 합니다. 내가 나의 의견을 가지듯이 상대방 역시 나와 다른 의견을 가질 권리가 있습니다.

둘째, 누가 당신의 오른뺨을 치거든 다른 뺨마저 돌려 대십시오. 유대인들 사이에서 뺨을 때리는 행위는 폭력보다 모욕을 뜻합니다. 유대인들은 손바닥이 아니라 손등으로 뺨을 때립니다. 상대방의 뺨을 툭 친다면 "네까짓 게 뭔데? 나는 너를 경멸해"라는 뜻입니다.

하느님의 인정을 받는 사람은 명예를 지키기 위해

애쓰지 않아도 됩니다. 나의 마음이 명예롭다면, 누구도 나를 경멸할 수 없습니다. 또한 누구도 내 마음의 명예를 빼앗아 갈 수 없으니 명예를 지키기 위해 싸우지 않아도 됩니다.

다른 뺨을 내민다는 것은 나약함이 아니라 오히려 강함을 의미합니다. 마음이 굳건한 사람은 다른 사람의 경멸을 두려워하지 않습니다. 오른뺨을 맞은 사람이 왼뺨마저 대주면 뺨을 친 사람이 도리어 당황할 것입니다.

이런 내 행동 덕분에 상대방이 자신의 존엄성을 깨닫게 될 수도 있습니다. 다른 사람의 명예를 빼앗을 수 없음을 확인하는 것이 자신의 명예를 깨닫는 첫걸음입니다.

셋째, 당신의 속옷을 가지려는 자에게는 겉옷까지 내주십시오. 유대인들은 겉옷을 두고 다투어서는 안 됩니다. 겉옷은 추운 밤을 보내기 위해 누구나 필요로 하기 때문입니다. 그런데 예수님은 겉옷까지 내주라고 말합니다. 하느님의 보호를 받는 사람은 추위를 막기 위해 꼭 필요한 겉옷까지 벗어 줄 수 있다는 뜻입니다.

하느님의 보호를 받아 안전한 사람은 규범 뒤에 숨

지 않고 솔직하게 대화할 수 있습니다. 그 무엇도 숨길 필요가 없습니다. 두꺼운 겉옷, 각자가 맡은 역할, 얼굴을 가린 가면 뒤에 자신을 감추지 않고, 있는 그대로의 자신을 다른 사람에게 드러낼 수 있습니다. 그러면 비로소 열린 대화가 가능합니다. 그때 진정한 화해가 가능합니다.

넷째, 누가 당신에게 1천 걸음을 가자고 강요하거든, 그와 함께 2천 걸음을 가 주십시오. 당시 로마 점령군은 유대인을 강제로 길잡이나 짐꾼으로 부릴 수 있는 권리를 가졌습니다. 많은 유대인들이 마음속으로는 이를 갈면서도 로마 점령군에게 대항하지 못했고, 당연히 로마에 대한 원한이 커질 수밖에 없었습니다.

그런데 예수님은 1천 걸음이 아니라 2천 걸음을 가 주라고 말합니다. 기꺼운 마음으로 함께 걷다 보면 유대인과 로마 병사는 친구가 될 수도 있습니다. 더 이상 적이 아닙니다. 기꺼이 나를 내주고 함께 길을 걷습니다. 그렇게 같은 편이 됩니다. 적이 친구가 되는 것입니다. 모두에게 좋은 일입니다.

실제로 2차 세계대전 당시 이런 일들이 벌어졌습니다. 전쟁을 하는 적대적인 관계인데도 사람들 사이에 우정이 싹텄습니다. 점령군과 포로, 간수와 죄수, 고용주와 이주 노동자 사이에서 우정이 생겨난 것입니다.

이렇게 쌓인 우정 덕분에 전쟁이 끝난 후 여러 국가들이 다시 평화로운 관계를 맺을 수 있었습니다.

제2차 세계대전 당시 러시아와 폴란드 출신의 강제 노동자들이 우리 마을의 망가진 가옥들을 수리하러 온 적이 있습니다. 그때 아버지가 그 사람들을 점심에 초대했고, 그렇게 우리 가족과 강제 노동자들 사이에 우정이 싹텄습니다. 그 덕분에 전쟁이 끝난 후 마을에서 유일하게 우리 집은 약탈을 당하지 않을 수 있었습니다.

예수님은 이 4가지 방법을 한마디로 요약합니다.

"너희는 원수를 사랑하여라. 그리고 너희를 박해하는 자들을 위하여 기도하여라." (마태 5, 44)

루카복음서에서는 이를 다음과 같이 표현했습니다.

"너희는 원수를 사랑하여라. 너희를 미워하는 자들에게 잘해 주고, 너희를 저주하는 자들을 축복하며, 너희를 학대하는 자들을 위하여 기도하여라." (루카 6, 27-28)

사랑으로 적대감을 넘어설 수 있습니다. 사랑이야말

로 갈등을 해소하는 최고의 비법입니다. 사랑을 통해 갈등 상대가 분노하는 적이 되는 것을 미리 막을 수 있습니다.

상대를 축복할 때 일어나는 기적

예수님은 다음과 같은 3가지 행동방식을 통해 사랑을 드러냅니다.

첫째, 나를 박해하고 학대하는 사람을 위해 기도합니다. 기도 덕분에 나는 다른 사람에게 상처받지 않고 나를 보호할 수 있습니다. 또한 나를 학대하는 사람에게 능동적으로 반응하며 그 사람을 보는 새로운 시각을 얻을 수 있습니다. 이때 상대방을 적이 아닌, 도움이 필요한 가엾은 사람으로 바라볼 수 있습니다.

둘째, 나를 미워하는 사람에게 친절을 베풀고 그들과 잘 지냅니다. 그리하여 그들에게 자신의 태도를 성찰하고 더 나아가 바꿀 수 있는 기회를 줍니다.

셋째, 나를 저주하는 사람들을 축복합니다. 축복이란 그들에 대해 좋게 얘기하고 그들에게 복을 빌어 주는 것을 말합니다.

저는 강연을 하며 종종 이런 연습을 합니다. 자신을 학대하는 사람, 저주하는 사람, 자주 다투는 사람, 현재 갈등을 겪는 사람을 상상합니다. 그런 다음 양손을 그 사람 머리 위에 가만히 얹고 하느님의 축복을 전합니다.

이런 연습을 함께한 사람들은 이구동성으로 큰 도움이 되었다고 말합니다. 하느님의 축복이 마치 보호막처럼 다른 사람의 부정적인 에너지를 막아 주는 것 같다고 합니다. 그리고 축복을 전하는 행위가 능동적인 대응으로 느껴졌다고 합니다. 상처받은 수동적인 희생자 역할을 버리고 능동적으로 반응하게 된 것입니다.

축복을 전하는 상상만으로도 그들은 상대방을 다르게 대할 수 있었습니다. 상대방은 더 이상 나의 적이 아니었습니다. 상대방 역시 하느님의 축복을 받는 사람이었습니다.

상대방을 축복하면 그도 하느님의 축복에 감화를 받아 마음의 평화를 찾을 수 있습니다. 마음의 평화를 얻으면 더는 부정적으로 행동하지 않게 됩니다.

우리는 상대를 축복하면서 상대방과 그의 부정적 에

너지를 분리할 수 있고, 그 사람도 감화를 받을 수 있는 좋은 씨앗을 품고 있음을 깨닫게 됩니다.

상대방을 축복하면 적어도 그를 다르게 대할 수 있습니다. 즉 그에게 받은 상처 때문에 생긴 부정적 이미지에서 벗어나 그가 가진 선함을 믿게 되고, 그 선함을 내게도 보여 주리라 기대할 수 있게 됩니다.

내가 미워하는 상대도
하느님의 사랑을 받는 귀한 사람이다

예수님이 제시한 창의적 해결책이란 결국 사랑입니다. 사랑은 해결책이 없어 보이는 갈등에서 우리를 구원합니다. 각자 자기 입장만 고수함으로써 궁지에 몰렸던 우리를 다시 자유롭게 합니다. 원수를 사랑하라 말씀하시는 예수님은 무리한 요구를 하는 것이 아니라 창의적으로 갈등을 풀어 가는 방법을 제시하는 것입니다.

빠져나가기 힘든 괴로운 갈등에 처할 때마다, 상대방 역시 하느님의 사랑을 받는 귀한 사람임을 기억하십시오. 그리고 그 사람을 예수 그리스도의 형제자매로서 사랑하려 애쓰십시오.

이때 예수님이 마태오복음서에서 제자들에게 들려준 비유가 도움이 될 것입니다.

"그래야 너희가 하늘에 계신 너희 아버지의 자녀가 될 수 있다. 그분께서는 악인에게나 선인에게나 당신의 해가 떠오르게 하시고, 의로운 이에게나 불의한 이에게나 비를 내려 주신다." (마태 5, 45)

이 비유를 기억하는 한, 상대방은 분노에 사무친 적이 아니라 하느님의 선한 의지를 지닌 소중한 사람으로 남을 것입니다.

하느님의 해가 똑같이 그에게도 비추고, 하느님의 비가 똑같이 그에게도 내립니다. 이것을 명심한다면 다툼은 사라지고 평화가 찾아올 것입니다.

예수님이 제안한 창의적 갈등 해소법이 오늘날에도 유용하다는 걸 보여 주는 사례가 있습니다.

어느 큰 회사의 공장에 불이 났습니다. 부품 생산 공장이었는데, 화재 때문에 납기일을 맞추기가 빠듯해졌습니다. 하지만 직원들은 공장의 화재를 쉴 수 있는 좋은 기회로 여겼습니다. 어차피 정상 가동이 불가능했으니까요. 직원들의 이런 반응은 어쩌면 당연한 것일지 모릅니다.

그동안 경영자는 돈만 생각하느라 직원들과 진정한 관계를 맺지 못했던 것입니다. 경영자는 납기일에 맞춰 부품을 완성해야 한다는 의무감과 화재 때문에 생긴 지연 사태 때문에 갈등을 겪다가 이를 직원들의 애사심에 호소해 해결하려 했습니다. 하지만 직원들은 그런 식의 접근에 더 크게 반발했습니다.

그때 현장 감독이 직원들을 만나, 힘들지만 촉박한 시간 안에 부품을 생산해야 하는 회사 상황에 대해 차분하게 설명했습니다. 그리고 직원들에게 물었습니다.

"부품을 약속한 날짜에 완성하고 싶은데, 여러분은 어떻게 생각하십니까? 가능하다고 보십니까?"

직원들은 현장 감독이 그들을 존중하고 진심으로 대한다고 느꼈습니다. 직원들을 아끼는 현장 감독의 마음이 고스란히 전달되었던 것입니다. 현장 감독의 이런 사랑이 갈등을 창의적으로 해결하는 데 큰 힘이 되었습니다.

그들은 함께 고심하고 힘을 모았습니다. 그리고 모든 부품을 시간에 맞춰 생산할 수 있었습니다. 직원들은 상사나 경영자가 정말로 직원들을 아끼는지 본능적으로 알 수 있습니다.

만약 현장 감독의 사랑이 없었다면, 그들은 결코 창의적인 해결책을 찾을 수 없었을 겁니다.

사랑하되
일정한 거리를 유지하라

루카복음서에서 예수님은 독특한 방법으로 갈등을 해소하라고 제안합니다. 이때 방법은 독특하다 못해 낯설기까지 합니다. 예수님이 평소 말씀하시던 평화와 어울리지 않기 때문입니다.

"내가 세상에 평화를 주러 왔다고 생각하느냐? 아니다. 내가 너희에게 말한다. 오히려 분열을 일으키러 왔다. 이제부터는 한 집안의 다섯 식구가 서로 갈라져, 세 사람이 두 사람에게 맞서고, 두 사람이 세 사람에게 맞설 것이다. 아버지가 아들에게, 아들이 아버지에게, 어머니가 딸에게, 딸이 어머니에게, 시어머니가 며느리에게, 며느리가 시어머니에게 맞서 갈라지게 될 것이다."
(루카 12, 51-53)

예수님이 가족의 분열을 정당화하는 걸까요? 당연히

아닙니다. 당시에도 가족은 끈끈하게 얽혀 있었고, 그런 단결을 통해 가족은 서로를 안전하게 보호할 수 있었습니다.

밀접한 가족관계에는 분명 장점이 있습니다. 하지만 동시에 가족은 개인의 자유를 속박하여 각자 자신의 길을 가지 못하게 가로막을 수도 있습니다. 관계가 너무 가까우면 오히려 진정한 평화를 해치기도 합니다. 공생 관계는 서로를 속박해 개인의 숨 쉴 공간을 앗아갑니다. 그런 가정에서는 자유롭게 느끼고 생각할 수 없습니다. 결국 감정과 생각, 모든 면에서 다른 사람의 영향을 받게 됩니다.

심리학에서는 타인과 경계가 없는 이런 상태를 일컬어 '인격의 융합'이라 부릅니다. 이런 인격을 지닌 사람들의 생각과 감정은 다른 사람에 의해 쉽게 좌우됩니다. 이들은 자신의 고유한 입장을 가지지 못하고 다른 사람의 입장에 기댑니다.

이런 사람들에게 예수님은 분리를 제안합니다. 마태오복음서에서는 심지어 "칼"을 언급합니다. (마태 10, 34) 칼은 사람들을 서로 갈라놓고, 사람들 사이에 경계를 만듭니다.

이런 분리는 진정한 평화를 누리기 위한 필수 조건입니다. 분리가 없는 평화는 가짜 평화입니다. 그것은 자유로운 사람들이 만드는 평화가 아니라 그냥 여럿이 한데 섞여 있는 뒤엉킴에 불과합니다. 그런 뒤엉킴은 아무런 긍정적 에너지도 만들어 내지 못합니다.

각자 자기 발로 자기 땅을 딛고 서야 합니다. 그래야 자유롭게 다른 사람을 마주하고 평화롭게 지낼 수 있습니다. 자기 발로 서지 못하면 진정한 관계를 맺지 못합니다. 그들은 서로 뒤엉켜 있을 뿐 진정한 관계를 맺은 것이 아닙니다.

예수님은 하느님의 하나뿐인 아들이지만 인간이기도 했습니다. 그런 까닭에 하느님의 아들로만 머물 수는 없었습니다. 온전한 자신이 되기 위해서는 가족과의 지나친 의존 관계에서 벗어나야 합니다. 그래야 아버지와 좋은 관계를 유지할 수 있고, 아버지가 준 뿌리에 감사할 수 있습니다.

토비아스 외경에서는 이것을 물고기의 쓸개즙에 비유합니다. 토비아스가 장님인 아버지 토비트의 눈에 물고기의 쓸개즙을 넣습니다. 아버지가 쓰린 눈을 비비자, 그동안 눈을 가렸던 오물이 사라지면서 다시 앞을 볼 수 있게 됩니다. 아버지는 아들을 힘껏 껴안습니다.

이때 물고기의 쓸개즙은 저항을 상징합니다. 아들이 아버지에게서 독립해 나오려면 저항이 필요합니다. 아버지에게서 떨어져 나와 자신의 고유한 자리를 찾은 아들은 진심으로 아버지를 껴안을 수 있고, 아버지와 더 좋은 관계를 맺을 수도 있습니다. 이때 아버지와 아들의 관계는 진정한 의미에서 자유로운 관계가 됩니다.

어머니와 딸의 관계도 마찬가지입니다. 딸 역시 자신의 고유한 여성성을 실현하려면 의존관계에서 벗어나야 합니다. 스스로 설 수 있을 때 딸은 어머니를 존중하게 됩니다.

예수님은 우리에게 의붓어머니와 딸의 이야기를 들려줍니다. 예수님 당시에도 의붓어머니와 딸의 갈등이 많았나 봅니다. 두 여인의 갈등은 종종 상대방에 대한 고정된 이미지에서 비롯됩니다.

의붓어머니는 생각이 다른 딸을 이해하지 못하고, 딸은 친어머니와 많이 다른 의붓어머니를 견디지 못합니다. 두 사람의 문제는 서로에 대해 갖고 있는 선입견 때문에 생겨납니다.

그러므로 갈등 해소는 상대방에 대한 선입견을 버리

는 데서 시작됩니다. 의붓어머니도 의붓딸도 상대방을 있는 그대로 봐야 합니다. 두 사람이 고정된 이미지에서 벗어날 때 서로에게 가치 있는 사람이 될 수 있고, 좋은 관계를 맺을 수 있습니다.

이때 서로에 대한 선입견을 떼어 낼 칼이 필요합니다. 예수님이 말하는 진정한 분열은, 가족을 떠나지 못하고 자신의 고유한 자리를 찾는 데 어려움을 겪는 많은 사람들이 문제를 해결하는 데 도움이 됩니다.

어느 날 한 여성이 저를 찾아와 어머니에 대해 불평을 했습니다. 어머니의 과도한 기대와 요구 때문에 힘들다는 것입니다.

어머니의 기대를 채울 수 없었던 딸은 어머니를 볼 때마다 화를 냈습니다. 저는 그 여성에게 물었습니다.

"어째서 어머니에게 화를 냅니까? 어머니가 딸에게 기대를 거는 건 당연한 거 아닌가요? 어머니의 기대를 얼마나 채울지는 당신이 결정하는 것입니다. 그리고 당신이 책임지면 그만입니다."

이 여성의 마음은 아직도 어머니에게 많은 영향을 받고 있었던 겁니다. 아직 탯줄을 끊지 못한 것이지요. 늘 사랑스럽고 착한 딸로 남고자 하는 마음이 있었기 때문에 힘들었던 겁니다.

그러나 어머니의 소망을 모두 실현해 주며, 동시에 자유로울 수는 없습니다. 두 욕구를 동시에 모두 충족시킬 수는 없습니다. 어머니가 딸을 통해 이루려는 소망은 딸을 얽매고 구속할 뿐입니다. 딸은 어머니의 기대를 칼로 끊어 내야 합니다.

그러면 딸은 어머니를 진심으로 대할 수 있고, 자유로운 딸로서 어머니와 어머니의 기대에 어떻게 대처할지 자유롭게 결정할 수 있습니다.

예수님이 말씀한 가족 간의 갈등 해소법은 기업과 교회, 동호회 등 다른 집단에도 폭넓게 적용될 수 있습니다. 사람들이 너무 가까이 얽히고설켜 있으면 갈등을 확실히 해소하기가 어렵습니다. 복잡한 관계에서는 갈등을 명확히 분간하기 힘든 법입니다. 회사 내부의 복잡한 갈등은 눈에 띄지 않게 숨겨져 있습니다. 그래서 직원들은 이런 갈등을 인식조차 하지 못합니다.

그러나 갈등을 인식했더라도 관계가 너무 복잡해서 해결할 엄두를 내지 못할 때도 많습니다. 얽히고설킨 다양한 관계는 갈등 해소를 위해 의견을 제시하는 것을 방해합니다. 의견을 말할 때 이 사람 저 사람을 신경 써야 하고, 혹시 상처 받는 사람은 없는지 배려해야 하기 때문에 자기 의견을 솔직하게 말하지 못할 수도 있습니다.

이때는 관계를 분리하고 모두가 고유한 입장을 가질 수 있도록 해주는 '분열의 칼'이 필요합니다. 각자 자기 발로 땅을 딛고 굳건하게 설 때 비로소 다른 사람과 눈을 맞추고 얘기할 수 있습니다. 그럴 때만 실질적인 해결책을 찾을 수 있습니다.

여러 사람들이 쳐 놓은 덫에 걸려 있다면, 한 발짝도 못 움직이고 자유롭게 생각할 수도 없습니다. 뚜렷한 입장을 가지지 못한 사람은 다른 사람에게 다가설 수 없습니다. 덫에 걸렸다고 느끼는 한, 어떤 해결책도 찾을 수 없기 때문입니다.

의견 대립과
관계 갈등을 구분하라

갈등을 해결하기 위해서는 의견의 대립과 관계 갈등을 구분해야 합니다. 구체적인 의견이 대립하는 것은 대개 해결하기가 쉽습니다. 반면 관계 갈등은 문제를 해결하기가 무척 힘듭니다.

그런데 의견의 대립과 관계 갈등이 한데 얽혀 있는 경우가 많습니다. 가령 회사에서 A는 B가 내놓는 모든 제안에 무조건 반대합니다. 이유는 단 하나, B가 싫기 때문입니다. 즉 B가 자기보다 더 좋은 제안을 하고 인정받는 걸 견딜 수 없습니다.

이러한 갈등은 라이벌 관계 혹은 반감에서 생겨나기도 하고, 특별히 누군가를 아끼거나 좋아하는 긍정적 감정에서 비롯되기도 합니다. 이를테면 한 남자 직원은 좋아하는 여자 직원이 제안하는 모든 의견에 찬성하고, 그녀의 편을 들어 줍니다. 좋은 인상을 남기고 싶거나, 자기도 모르게 마음이 끌려서, 혹은 오랫동안 쌓아 온 우정을 지키고 싶어서입니다.

또 이런 경우도 있습니다. A는 항상 B의 의견을 따릅니다. 집안끼리 잘 아는 사이라서, 혹은 B의 아버지가 권력을 이용해 자신을 부당하게 대우할까 봐 두렵기 때문입니다.

의견이 대립할 때 관계의 문제가 얽히면 의견보다 관계를 앞세우게 됩니다. 그러나 관계의 문제는 뚜렷하게 설명하기가 쉽지 않습니다.

앞서 공생 관계나 인격의 융합을 통해 살펴보았듯이, 어떤 사람이 나와 다른 주장을 펼칠 때, 단순히 의견의 차이인지, 나와의 관계 문제에서 생겨난 무의식적 갈등인지 구별하기란 참으로 어렵습니다. 그런 까닭에 관계 갈등은 단번에 해소되기가 어렵습니다.

각자 자기 입장을 얘기할 수 있도록 직원들이나 갈등 당사자들을 관계와 분리해 보면 의견이 대립할 때 생기는 문제는 쉽게 해결할 수 있습니다.

모두 제 발로 땅을 딛고 서기 위해서는 보이지 않게 다른 사람의 발과 한데 엉켜 있는 매듭을 잘라 낼 칼이 필요합니다. 매듭이 너무 복잡하게 얽히고설켜 실마리가 보이지 않고, 어디가 어떻게 얽혀 있는지 도저히 알아낼 수가 없을 때는, 매듭을 풀려고 애쓰기보다 칼을 꺼내 잘라 내야 합니다. 그래야 대립하는 의견을 자세히 살펴보고 갈등 해소를 위해 효과적으로 접근할 수 있습니다.

30여 년 전, 수도원에 게스트하우스를 건축할 때 제가 재무를 담당한 적이 있습니다. 우리는 건축 기술자, 초빙한 신부, 게스트하우스에서 일하는 여직원 등 수많은 사람들과 진행 상황의 전 과정을 논의했습니다.

하지만 좀처럼 의견이 모아지지 않았습니다. 커튼 하나를 결정하는 데도 긴 시간이 필요했습니다. 당시 저는 커튼 가게 사장에게 양해를 구하며 이렇게 말했습니다.

"죄송합니다. 여러 사람이 같이 일하다 보니 결정하는 데 시간이 오래 걸립니다."

그때 사장은 이렇게 대답했습니다.

"괜찮습니다. 수녀원에 커튼을 여러 번 납품해 봐서 잘 알아요. 수녀님들은 자기 의견을 내기 전에 일단 원장 수녀님의 의견을 기다립니다. 원장 수녀님이 커튼을 고르면 일제히 반대 의견을 쏟아 냅니다. 원장 수녀님이 고른 커튼의 문제점을 조목조목 나열하면서요. 하지만 자세히 보면 그것은 커튼이 싫어서가 아니라 단지 원장 수녀님이 골랐기 때문에 싫은 겁니다."

이 나이 많은 사장은 확실히 장사 수완이 좋았을 뿐 아니라, 집단에 만연한 갈등의 근본적인 문제를 꿰뚫어 보고 있었습니다.

물론 수녀원에서만 이런 일이 벌어지는 것은 아닙니다. 수도원이나 회사에서도 이와 비슷한 일이 일어납니다. 어떤 사람은 객관적 주장과 근거를 무시하고 무조건 한 가지 의견만 고집하여 다른 사람을 화나게 하거나 어깃장을 놓기도 합니다.

그러므로 갈등이 있을 때는 주장뿐 아니라 그 이면에 숨겨진 감정을 살펴보고, 어떤 복잡한 관계 갈등이 불거져 나올 수 있는지 염두에 두어야 합니다.

적대감을 가진 이들과
평화 협정을 맺는 법

예수님은 짧은 비유를 통해 앙숙인 두 집단이 평화롭게 지낼 수 있는 방법을 알려줍니다.

"또 어떤 임금이 다른 임금과 싸우러 가려면, 2만 명을 거느리고 자기에게 오는 그를 1만 명으로 맞설 수 있는지 먼저 앉아서 헤아려 보지 않겠느냐? 맞설 수 없겠으면, 그 임금이 아직 멀리 있을 때에 사신을 보내 평화 협정을 청할 것이다." (루카 14, 31-31)

개인적 차원에서는 이 비유를 어떻게 해석할 수 있을까요? 두려움과 시기심, 분노와 질투, 우울함 같은 마음의 적과 싸우지 말고 평화 협정을 맺으라는 말로 해석할 수 있지 않을까요?

평화 협정을 맺으면 적이 곧 친구가 됩니다. 마음의 적은 이제 힘을 주는 존재가 됩니다. 두려움은 새로운 가능성을 만들어 주고, 시기심은 남과 비교하는 대신 고유한 자기능력을 발견할 수 있게 도와줍니다. 질투는 나의 사랑이 얼마나 강한지 보여 줍니다. 질투를 인정하는 순간 질투에서 벗어나 사랑에 감사할 수 있습니다. 우울함은 내가 어떤 부담을 느끼고 있는지를 알려 줍니다.

이 비유는 제게도 특별한 의미가 있습니다. 열아홉 살에 수도원에 처음 들어왔을 때, 저는 제 자신의 의지력과 성실함, 그리고 유능함이라는 병사를 이끌고, 모든 적을 가볍게 물리칠 수 있을 거라 생각했습니다.

그러나 저는 형편없이 고꾸라지고 말았습니다. 그러자 두려움, 예민함, 부족한 자신감을 극복하지 못할 것이란 생각에 금세 좌절하게 되었습니다.

다행이 마음속 깊이 숨어 있던 공포심을 인정하고 평화 협정을 청한 후에 저는 비로소 성장할 수 있었습니다. 계속해서 마음의 적과 싸웠더라면, 모든 에너지를 이 싸움에 허비했을 테고, 제 인생은 다른 사람에게 도움이 되지 못했을 것입니다.

지금은 친구가 된 그 마음의 적은 오히려 제 삶을 풍요롭게 했고, 다른 사람의 삶에도 도움을 주고 있습니다.

이제 예수님의 비유를 개인이 아닌 집단 차원의 갈등을 해소하는 데 적용해 보고자 합니다. 우리는 갈등 상황에서 다른 의견을 말하거나 다른 전략을 추진하는 사람을 적이라 여깁니다. 우리는 이 적을 이기고 싶어 합니다. 반대 주장을 펼쳐 제압하고 그의 무릎을 꿇리게 하기 위해 우리는 계속해서 새로운 전략을 만들어 냅니다.

그러나 예수님은 적과 맞서는 것이 과연 현실적으로 유리한지 가만히 앉아 생각해 보라고 말합니다. 일반적으로 적과 맞서 대항할 때 적은 더욱 강렬하게 저항합니다. 우리는 흔히 이러한 저항을 얕잡아 봅니다. 적은 2만 명인데도 고작 1만 명을 가지고 맞서려 합니다. 우리는 나름 '타당한' 주장을 펼칩니다. 이것만 믿고 맞서다 보면 적은 또 다른 차원의 막강한 힘을 동원하여 저항합니다.

결국 비교도 되지 않는 강한 힘 앞에 우리의 주장은 힘을 잃습니다. 그러므로 우선 가만히 앉아 어떻게 적

혹은 갈등 상대를 다루어야 할지 먼저 생각하십시오. 예수님의 말씀을 빌리면, 아직 길 위에 있을 때, 아직 전투가 시작되지 않았을 때 적과 평화 협정을 맺을 방법을 곰곰이 생각해 보아야 합니다. 승자와 패자만 남을 격렬한 전투가 벌어지기 전에 말입니다.

그리스어로 평화는 'eirene'인데, 본래 음악에서 쓰이던 말입니다. 강한 소리와 약한 소리, 높은 음과 낮은 음, 밝음과 어두움, 불협화음과 협화음 등 모든 음이 조화롭게 어울릴 때 평화롭습니다. 이 표현은 갈등 해소를 이해하는 데 도움이 됩니다.

상대방이 다른 목소리를 내며 대화에 끼어듭니다. 그의 목소리가 전체와 조화롭게 어울릴 수 있다면, 한 가지 목소리로 노래할 때보다 아름답게 들릴 것입니다. 화음을 맞추는 것은 갈등을 해결하고 평화를 이루는 한 방법입니다. 갈등 당사자들이 화음을 맞추려면, 먼저 각자가 고음과 저음을 적절히 조율해 조화를 이루어야 합니다.

보통은 내 자신이 해소하지 못한 내면의 갈등을 외부의 갈등으로 돌리기 때문에 문제 해결이 힘들어집니다. 자신과 조화를 이룰 때 다른 사람과도 조화를 이룰 수 있습니다. 각자의 내면에서 모든 음이 조화를 이룰 때 집단 안에서도 다양한 음이 조화를 이룰 수 있습니다.

내적으로 분열된 사람은 집단도 분열시킬 것입니다. 적들은 직감적으로 나의 내적 분열을 감지하고, 나의 내면에서 갈등을 불러일으키고 있는 반대 입장을 지지합니다.

마음속에서 대립하고 있는 여러 가지 견해를 통합하기 위해서는 먼저 내면의 다양한 목소리와 대화해야 합니다. 그래야 다른 사람과도 대화할 수 있습니다.

평화를 뜻하는 라틴어 'pax'는 'pacisci'라는 동사에서 유래했습니다. pacisci는 '흥정하다, 대화하다, 약속하다, 협정을 맺다'라는 뜻입니다. 말하자면 평화란 적대감을 가지고 서로 싸우고 있는 갈등 당사자들이 협정을 맺는 것입니다. 이 협정은 오로지 대화를 통해서만 가능합니다.

협정을 맺으려면 기본적으로 상대방도 자기 방식으로 생각하고 나와 맞서 싸울 권리가 있음을 인정해야 합니다. 대화를 할 때는 상대방이 무엇을 원하고, 왜 그것을 원하게 되었는지 살펴보아야 합니다. 즉 상대방이 원하는 것부터 알아내야 합니다.

그러기 위해서 우리는 상대방의 의견에 대해 판단하기 전에 먼저 잘 들어야 합니다. 그런 다음 내가 원하는 것과 내가 선택한 전략의 근거를 설명해야 합니다.

이렇게 대화하다 보면 우리는 서로 목표가 같은지 다른지, 또는 목표는 같지만 옳다고 여기는 수단과 방법이 다른 것인지 알 수 있습니다.

후자의 경우라면 그것은 서로 다른 목표에서 비롯된 갈등이 아니라 판단 차이에서 생긴 갈등입니다. 수단과 방법에 대한 판단이 서로 다를 때에는 각자 주장의 근거를 토론하는 데 집중해야 합니다.

목표가 달라 갈등이 생겼다면, 어째서 그러한 목표를 추구하는지 그 근거를 설명한 후 서로에게 귀 기울여야 합니다. 그러면 각자의 목표가 지닌 장단점을 알 수 있고, 그것이 공동체의 철학과 얼마나 일치하는지 차분히 점검할 수 있습니다.

분배로 인한 갈등도 드물지 않게 생겨납니다. 가지고 있는 재화, 투여할 수 있는 시간, 늘릴 수 있는 일자리는 한정되어 있습니다.

이러한 갈등이 발생했을 때에는 무엇보다 공정하게

나누어 갖는 것이 중요하기 때문에 무엇이 정말 공정한 분배인가에 대해 서로 의견을 나누어야 합니다.

평화 협정이라고 하면 언뜻 라틴어 '팍스 로마나Pax Romana'('로마 지배 아래의 평화'란 뜻으로 제정 로마의 정치적 지배를 정당화시키려는 의도로 사용되었다. - 옮긴이)가 떠오를지 모릅니다. 하지만 예수님이 말하는 평화 협정이란 아우구스투스 황제의 통치를 뜻하는 팍스 로마나와는 성격이 전혀 다릅니다. 당시 로마의 평화는 대화가 아닌 무기를 앞세운 폭력과 정복을 통해 얻은 평화입니다.

강한 군사력을 지닌 로마는 지중해 전역을 지배하며 평화를 유지했습니다. 그러나 폭력으로 성취한 평화는 지속적으로 위협을 받았고, 오래 가지도 못했습니다. 곳곳에서 저항이 일어났고, 폭력적 정복 전쟁이 끊이지 않았기 때문입니다.

이런 폭력적 평화에 맞서 루카는 예수님의 탄생 즈음에 하느님께서 어둠을 밝힐 사랑의 힘으로 우리에게 평화를 선물하셨다고 선포했습니다. 그리고 예수님은 이런 비유를 통해 우리 안에서, 사람들 사이에서, 수많은 민족 가운데서, 어떻게 진정한 평화가 이루어질 수 있는지 설명합니다.

루카는 "예수님께서 그리스 사람들이 바라던 정의를 실현해 줄 것이다"라고 말합니다.

누구도 상처 받지 않을
공정한 타협점

사랑과 정의는 갈등 해소를 위한 필수 조건입니다. 부부 갈등에서도 마찬가지입니다. 자신과 견해가 다른 사람에게 정의롭게 행동할 때 갈등은 해소될 수 있습니다. 팍스 로마나처럼 오로지 힘으로 평화를 강요하는 것은 정의롭지 못할 뿐만 아니라, 주장을 펼칠 때도 폭력을 행사할 수 있습니다.

나의 주장을 통해 상대방을 다그친다면 그것도 폭력인 것입니다. 때로는 감정을 압박해 폭력을 행사하기도 하지요.

"그렇게 하지 않으면 넌 내게 상처를 주는 거야. 그래서 나는 너를 더는 사랑할 수 없고, 사랑이 없는 삶은 살고 싶지 않아."

이렇듯 폭력으로 만들어진 가짜 평화를 상대방에게

게 강요하는 사례는 주변에서 쉽게 찾아볼 수 있습니다. 상대방의 감정을 압박해 굴복시키면 잠시 동안 평화를 얻을 수 있을지도 모릅니다. 그러나 얼마 가지 않아 또 의견이 충돌하게 되고, 결국 관계는 깨집니다.

경험 많은 부부상담사 로렌츠 바힝거Lorenz Wachinger는 부부 사이에 생긴 갈등을 해소하려면 다음과 같이 해보라고 조언합니다.

"힘들더라도 모두에게 공정한 타협점을 찾아 갈등을 없애야 합니다. 공정한 타협이란 한 사람이 일방적으로 자기주장을 관철시키는 것이 아니라, 서로 조금씩 양보해 의견을 좁히는 것을 의미합니다. 한 사람이 승자가 되면 나머지 한 사람은 패자가 되고, 체면을 완전히 구기게 됩니다. 그런 타협은 공정하지 못합니다. 승자와 패자의 관계는 불안정하여 깨지기 쉽습니다."

정의의 씨를 뿌린 자는 평화를 거둘 것입니다. 이것은 기업에서 갈등을 해소할 때에도 그대로 적용됩니다. 직원이나 각 부서를 공정하게 대하지 않고 평화를 관철시켰다면 이 평화는 오래가지 못합니다.

외교 정치에서도 마찬가지입니다. 강대국이 약소국을 힘으로 압박하여 평화를 유지하면 이 평화는 지속

될 수 없습니다. 오늘날의 강대국들은 군사력뿐 아니라 경제력으로도 약소국을 압박하고 위협할 수 있습니다. 약소국이 협상을 불공정하다고 여기면 평화를 이루기가 어렵습니다. 강대국과 약소국이 공정하게 타협할 때만 진정한 평화를 이룰 수 있습니다.

타협할 마음은 없고 오로지 다투려고 들면 양쪽 모두 많은 에너지를 허비하게 됩니다. 1만 명을 거느린 임금이 2만 명을 거느린 임금에 저항하는 것은 에너지 낭비입니다. 참호를 파고 그 안에 숨어 전투를 준비해 보지만 싸울 에너지가 부족합니다. 2만 명을 거느린 임금 역시 적의 격렬한 저항을 막아 내느라 많은 것을 잃게 됩니다.

설령 2만 명을 거느린 임금이 싸움에서 이기더라도 패자들은 그들 나름대로 훼방을 놓으려고 온갖 계략을 짤 것입니다. 겉으로는 굴복했기 때문에 패자는 드러내 놓고 훼방을 놓지는 못합니다. 하지만 감춰 둔 공격성을 드러내고 반격할 방법은 많습니다. 군량미에 모래를 섞기도 하고, 명령에는 따르는 시늉만 합니다. 지시를 깜빡 잊었다고 하며, 번번이 약속 시간을 어기고 계략을 꾸밀 것입니다.

평화 협정의 목표는 두 임금의 병사를 합치는 것입니다. 그러면 병사가 3만 명이 됩니다. 두 임금의 나라는 함께 부강해지고, 영토는 더 넓어집니다. 갈등 해소의 목표도 이것입니다. 평화 협정을 맺으면 싸움은 사라지고 적과 한편이 됩니다. 평화 협정을 통해 모두의 지평이 넓어지면서 나라는 강대해지고, 가능성은 커지겠지요.

적을 친구로 만드는 7가지 방법

어떻게 하면 패자는 없고 오로지 승자만 있는, 적이 친구가 되는 평화 협정을 맺을 수 있을까요? 이제부터 그 방법을 소개하겠습니다.

첫째, 왜 갈등이 발생했는가, 무엇에 관한 갈등인가, 갈등 당사자들이 각기 얼마나 다른 길을 걷고 있는가? 이 질문에 구체적으로 답하십시오.

둘째, 상대방이 자기 입장을 말할 때 잘 들으십시오. 상대방의 말을 중간에 끊지 않도록 주의하십시오. 정확히 이해가 안 가면 적당히 넘기지 말고 다시 물으십시오. 상대방의 말을 당신의 언어로 재구성해 보십시오. 그리고 상대방의 입장을 이해하려고 노력하십시오. 듣는 즉시 자기주장을 내세우지 말고 마음속으로 '그렇게 생각할 수 있겠군' 하고 속삭여 보십시오. 이때 상대방의 제안을 따르면 어떤 결과를 얻게 될지에 대해서만 생각하십시오.

셋째, 자기 입장을 명확히 표현하십시오. 이때 자신이 문제를 어떻게 바라보고 있는지 구체적으로 말하는 것이 중요합니다. 또한 감정 표현도 빼놓지 마십시오. 모든 문제에는 감정이 섞여 있기 때문입니다. 집단역학에서는 자기감정을 무시하는 사람은 결국 자기감정에 걸려 넘어진다고 이야기합니다. 감정을 솔직하게 표현하십시오. 그러지 않으면 그 감정이 엉뚱한 때와 장소에서 등장하여 대화를 가로막을 것입니다.

넷째, 과거에 머물지 말고 미래를 위한 해결책을 찾으십시오. 누구의 잘못으로 지금의 문제가 발생했는지는 그리 중요하지 않습니다. 잘잘못을 따지면 변명과 공격이 오고갈 뿐입니다. 하지만 지금의 상황에 각자 얼마만큼의 책임을 져야 할지 맑은 정신으로 생각해 보고, 이 상황에서 벗어날 방법을 스스로에게 물으십시오.

다섯째, 양측 모두의 입장을 평가하는 대신 그대로 받아들이십시오. 그런 다음 어떤 해결책이 있을지 물으십시오. 양측 모두 해결책을 말할 수 있는 권리를 갖고 있습니다. 자기 입장을 포기하거나 부정해서는 안 되지만, 상대방의 제안 역시 타당할 수 있다는 사실을 인정해야 합니다.

 양측이 해결책을 제안하면 각 제안이 어떤 결과를 가져올지 토론합니다. 이때 각자 자기감정을 솔직하게 말해야 합니다. 존중받는 기분이 들었다든지, 무시당하는 느낌을 받았다든지, 상대방에게 있는 그대로 표현해 보십시오. 고집스럽게 자기주장을 관철시키는 게 이기는 거라 여기거나 타협을 받아들이지 않는 태도는 버리십시오.

 만약 상대방이 계속 고집을 부린다면, 지금의 상황을 숙고한 뒤 나중에 토론할 것을 제안하십시오. 그런 다음 다시 만나 의견이 좁혀졌는지 확인하십시오. 해결책을 찾지 못했다면 그 사실을 명확히 언급하고 인정해야 합니다.

 이때 상대방에게 책임을 물어선 안 됩니다. 대화의 실패를 인정하되 다음 대화에서는 의견의 일치를 보고 해결책을 찾게 될 거란 희망을 가져야 합니다.

여섯째, 해결책을 찾았다면 글로 남기고 꼭 실천하기로 약속하십시오. 해결책을 적어 두었으면 더는 미련을 갖지 마십시오. 혹시 다른 제안이 더 낫지 않을까, 찜찜해 하거나 고민하지 마십시오. 모든 미련을 버리고, 합의한 해결책만 생각하십시오. 후회하면 쓸데없이 힘을 허비하게 됩니다.

일곱째, 힘들게 해결책을 찾았다면, 함께 축하하십시오. 서로 축하의 말을 전하면 분위기가 부드러워지고, 갈등 당사자들은 다른 차원의 관계를 맺게 됩니다. 함께 샴페인을 마시며, 서로 합의한 해결책을 위해 앞으로 협력할 것을 다짐하는 건배를 하십시오. 또한 모두 해결책을 찾기 위해 힘을 모았음을 기억하십시오. 서로를 받아들이고 자기 입장을 조금씩 양보할 준비가 되었기 때문에 해결책을 찾을 수 있었던 것입니다.

이 7가지 규칙은 우리가 사는 곳이라면 어디에서라도 적용 가능합니다. 가령 임금 협상에서도 첫 협상에서는 어떤 해결책도 찾기 힘듭니다. 모두 자기 입장을 고집하기 때문이지요.

그러나 점차 의견을 좁혀 갈 수 있습니다. 두 입장이

팽팽하게 맞서면 중재자를 투입합니다. 중재를 통해 해결책을 찾거나 중재자의 결정에 따르기로 합의하면, 함께 타협안을 발표하고 축하합니다. 그러면 양측 모두가 승자가 될 수 있습니다. 상대방에게 다가가기 위해 모두가 조금씩 자기 입장을 양보했기 때문에 가능한 일입니다.

만약 이 규칙을 어기면 어떻게 될까요? 미국 대통령 선거 전후로 벌어진 민주당과 공화당의 예산안 협상을 한번 떠올려 보십시오. (2013년, 미국 민주당과 공화당은 다음해 예산안 협상에 실패했고, 그 여파로 연방정부가 폐쇄되는 '셧다운' 사태가 벌어졌다. - 옮긴이) 양측은 나라 전체에 해가 될 수 있음에도 국가의 안녕보다 상대방을 이기는 데 주력했습니다.

이런 협상 태도는 결코 바람직하지 못합니다. 민주주의를 그토록 강조한 미국은 솔직하게 협상에 임하지 않을 때 민주주의마저 무너질 수 있음을 전 세계에 적나라하게 보여 주었습니다.

강제에 의한 합의는 진정한 타협이 아닙니다. 실패한 대화는 국가에 엄청난 해를 끼치고, 더 나아가 전 세계에 나쁜 영향을 미칠 것입니다.

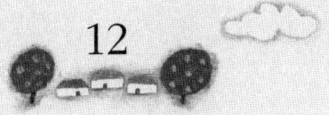

12

완전한 화해

빵과 포도주를 함께 먹으며 용서 구하기 | 싸우는 부부를 위한 화해 의식 | 직장에서 화해를 위한 마지막 몸짓 | "당신을 용서합니다. 그리고 축복합니다"

"나는 당신이 나의 상처를 인정하며 마음 아파하는 걸
보고 들었습니다. 나는 당신의 요청을 받아들입니다.
나는 당신을 용서하고 나의 상처를 버릴 준비가 되었습니다."
_한스 옐루셰크의 부부 상담법 중에서

　기독교 전통에는 화해 의식이 있습니다. 하느님의 무조건적인 용서를 경험하는 고해성사도 일종의 화해 의식입니다. 신부님과 일대일로 행하는 고해성사도 있지만 신자들이 모두 모여 함께 잘못을 뉘우치고 자비로운 하느님께 참회하는 고해미사도 있습니다. 성찬식도 또 하나의 화해 의식입니다. 예수님의 몸과 피를 먹고 마심으로써 예수님과 하나가 되고, 예수님을 통해 의식에 참석한 모두와 하나가 됩니다.

　기독교와 유대교 전통에서 만찬을 함께하는 것은 서로에게 맞서지 않으며, 하느님의 선물을 함께 받아들이면서 기뻐한다는 뜻입니다. 만찬에 초대하는 것 자체가 화해의 몸짓입니다. 예수님의 만찬에 우리를 초대한 하느님은 우리와 더불어 화해를 축하합니다.

갈등 해소를 위해 세속에서 행하는 화해 의식도 있는데, 여기에서 몇 가지를 소개해 봅니다.

빵과 포도주를 함께 먹으며 용서 구하기

한때 '숙적'이라 불렸던 프랑스와 독일, 혹은 폴란드와 독일의 관계는 지난 수십 년 동안 능동적인 정치적 대처와, 상징적이며 의식적인 화해의 시도를 통해 극적으로 변화했습니다. 폴란드의 수도 바르샤바에서 독일 전 총리 빌리 브란트가 무릎을 꿇은 일, 혹은 독일 전 총리 헬무트 콜과 프랑스 전 대통령 프랑수아 미테랑이 과거의 전장에서 악수한 일은 우리 모두의 뇌리에 강렬하게 남아 있습니다.

다른 차원의 화해 의식도 있습니다. 신앙심이 깊은 개신교 신자 카스텔 씨는 종전 50주년을 기념하여 전쟁을 일으킨 독일인 때문에 고통 당했던 국가를 직접 찾아가 사죄를 했습니다. 그는 독일 개신교 신자들과 함께 방문한 국가에서 그곳 국민들을 예배에 초대했습니다.

카스텔 씨는 독일인을 대표하여 모든 잘못을 사과했습니다. 그러자 상대국 대표는 독일에 잘못했다고 느낀 점을 말한 다음 사과했습니다. 그리고 나서 모두 함께 빵을 나누어 먹고, 경계를 허무는 하느님의 사랑을 상징하는 포도주를 마셨습니다.

카스텔 씨는 유대인과 기독교인을 한곳에 초대한 자리에서도 이러한 화해 의식을 진행했습니다. 참가자들 모두가 크게 감동 받았습니다.

그런 다음 카스텔 씨는 과거 독일인의 지배로 고통받았던 마을을 찾아가 선조를 대신하여 사과했습니다. 그의 화해 의식을 통해 무의식에 남아 있던 과거의 앙금이 사라졌고, 비로소 새로운 관계를 맺을 수 있게 되었습니다.

화해 의식만으로 민족이나 집단의 갈등이 완전히 해소되지는 않겠지만, 그 작은 시도를 통해 새로운 희망이 생겨나고 관계의 변화가 가능해졌습니다. 적어도 이 의식에 참여한 이들은 서로 화해할 수 있었습니다. 그리하여 사람들의 마음은 감동과 화해의 정신으로 가득 차게 되었습니다.

화해가 이루어지면 그 영향력은 사방으로 뻗어 나갑

니다. 물론 이런 의식에는 화해할 준비가 된 사람들만 참여해야지 강요해서는 안됩니다.

이런 의식을 통해 화해의 모습이 널리 알려지면 마침내 대중이 변화합니다.

싸우는 부부를 위한
화해 의식

부부 상담가이자 심리 치료사인 한스 옐루셰크Hans Jellouschek는 이른바 '싸우기만 하는 부부'를 자주 보았다고 합니다. 많은 부부들이 싸울 때 과거의 갈등과 상처를 들먹이며 상대방을 비난하는 구실로 삼습니다. 옐루셰크는 이런 갈등을 해소하기 위해 화해 의식을 개발하여 상담 치료에 활용했습니다. 그는 부부 상담 치료를 항상 이 화해 의식으로 마무리했습니다.

화해 의식은 한쪽 문을 닫고, 다른 쪽 문을 열어 줍니다. 즉 갈등의 문이 닫히면 새로운 미래의 문이 열리게 되는 것이지요. 옐루셰크는 화해 의식에 대해 이렇게 말합니다.

"화해 의식을 통해 얼굴을 맞대고는 하기 어려운 말

과 행동을 표현할 수 있는 명확한 표현 형식과 공식을 얻을 수 있습니다."

부부를 위한 화해 의식은 대략 이렇습니다. 우선 한쪽 배우자가 상대방으로 인해 어떤 상처를 받았는지, 또한 자신은 어떤 잘못으로 상대방을 화나게 했는지 기록합니다. 그리고 상대방에게 용서를 청하고, 자신도 상대방의 잘못을 용서할 준비가 되었다고 말합니다. 그런 다음 더 이상 죄책감을 들추기 위해 옛 상처를 이용하지 않을 것이며, 비난을 멈추겠다는 결심을 형식에 맞추어 명확히 표현합니다. 이때 상대방은 이렇게 대답합니다.

"나는 당신이 나의 상처를 인정하며 마음 아파하는 걸 보고 들었습니다. 나는 당신의 요청을 받아들입니다. 나는 당신을 용서하고 나의 상처를 버릴 준비가 되었습니다. 앞으로 나는 다툼이 일어나더라도 더는 옛 상처를 언급하지 않겠습니다. 나는 옛 짐을 벗어 버리고 당신과 함께 새로운 미래를 향해 나아가고 싶습니다."

이제 서로 역할을 바꿔 다시 한 번 같은 형식으로 말합니다. 이렇게 고백하고 용서를 청한 다음, 용서를 약속하고 앞으로의 결심을 표현하고 나면 부부는 화해를 축하하는 의식을 치릅니다. 부부는 잘못을 기록한 쪽지를 함께 불태우거나 땅에 묻습니다. 둘의 화해를 기리자는 의미에서 화해의 나무를 심습니다. 그리고 축하의 만찬을 가집니다. 오늘부터 과거를 버리고 더는 상대방을 공격하는 데 과거를 이용하지 않겠다는 결심을 지키기 위해 다른 부부나 제3자를 증인으로 초대하는 부부들도 종종 있습니다.

이런 화해 의식은 부부 관계를 유지하는 데 대단히 중요합니다. 살다보면 어떤 부부든 오해와 상처가 생기기 마련입니다. 그것을 막을 수는 없습니다.

그런데 많은 부부들이 상처를 더 큰 상처로 되갚는 악순환에 빠집니다. 그리고 외도처럼 한쪽의 잘못이 명백할 때에는 다른 한쪽이 옛날 상처까지 들추어내며 상대방을 압박합니다. 한쪽의 명백한 잘못은 다른 한쪽이 이용하기 편리한 무기가 됩니다. 다툼이 있을 때마다 이 무기를 꺼내들고 상대방을 비난합니다. 그러면 상대방은 자신의 분노나 실망감을 표현할 기회도 권한도 잃어버리고 맙니다. 무기징역을 구형 받은 죄수처럼 평생 잘못을 뉘우치고 죗값을 치러야 하지요. 이런 부부 관계는 서로에게 지옥과도 같습니다.

옛날에는 간음을 하면 감옥에서 형을 살아야 했지만 지금은 그렇지 않습니다. 그 대신에 배우자에게 끝없는 비난을 들으며 창살 없는 감옥에서 평생을 살아야 한다면 어떨까요? 어쩌면 진짜 감옥보다 더 끔찍할지도 모릅니다.

피해자는 가해자가 자기 잘못을 인정하고 자신이 받은 상처를 알아주길 바랍니다. 그러나 많은 경우에 가해자는 자신을 변호하기에 급급합니다. 그러면 상처를 받은 피해자는 결코 이 상처에서 벗어나지 못합니다. 피해자는 자기 상처를 드러내고 인정받기를 바랍니다. 이때 화해 의식이 도움이 됩니다. 가해자는 옐루셰크가 개발한 표현 형식에 따라 이렇게 말하면 됩니다.

"나는 어떻게 당신에게 상처를 주었는지 알게 되었습니다. 내가 당신을 아프게 했다는 걸 인정합니다. 그러나 일부러 그런 게 아닙니다. 당신을 아프게 해서 정말 미안합니다. 부디 날 용서해 주십시오!"

부부가 새롭게 시작하기 위해서는 화해 의식이 꼭 필요합니다. 화해를 통해 과거의 짐을 내려놓을 수 있을 테니까요. 두 사람은 이제 과거의 상처라는 짐을 벗어 버리고 지금 여기에 살 수 있도록 새로운 분위기를 만들어 갑니다.

작은 화해 의식을 일상에서 실천하며 사는 한 부부가 있습니다. 그 부부는 오해가 생기면 언제나 결혼식용 촛불을 밝힙니다. 그것은 대화를 원하고 화해할 준비가 되었다는 신호입니다.

이때 주의할 것은 문제가 생기는 즉시 따지듯 대화해서는 안 된다는 것입니다. 너무 흥분한 상태에서는 대화가 도움이 되지 않기 때문입니다. 흥분한 상태에서는 왜 화가 났고 상처를 받았는지 서로 비난만 하게 됩니다. 그래서 우선 흥분을 가라앉혀야 합니다. 결혼식용 촛불을 밝히는 것은 하나의 신호입니다. 흥분이 가라앉았고, 속상함과 화를 다스릴 수 있게 되었으며, 상대방의 입장에서 생각할 여유가 생겼다는 뜻입니다.

이제 촛불을 켜고 상대방을 대화에 초대해 보세요. 이것은 강요가 아니라 친절한 초대입니다.

일상에서 작은 갈등이 일어났을 때, 잠자리에 들며 주기도문을 큰소리로 함께 외우는 것도 훌륭한 화해 의식이 될 것입니다.

부부가 함께 "저희에게 잘못한 이를 저희가 용서하

오니 저희 죄를 용서하시고"라고 기도하는 순간 분위기가 바뀌면서 더 이상 각자의 잘못을 따지거나 계산하지 않게 됩니다. 잘못을 언급할 필요도 없고 갈등을 곱씹을 필요도 없습니다. 큰소리로 함께 기도를 올리면 갈등은 저절로 사라지고 마음의 문이 열립니다. 일상의 작은 갈등은 큰소리로 주기도문을 외우는 것만으로도 해결될 수 있습니다.

직장에서 화해를 위한 마지막 몸짓

화해 의식이 갈등에 대해 솔직하게 말하는 것을 대체할 수는 없습니다. 그러나 화해하고 나서 진지하게 끝맺음을 할 때 화해 의식만한 것이 없습니다. 가령 회사에서 직원들이 싸우고 나서 솔직한 대화를 통해 화해를 했다면 서로 외면하지는 않을 겁니다. 최소한 악수를 할 것이고, 상황에 떠밀려서나마 포옹을 할지도 모릅니다. 함께 커피나 차, 술을 마실 수도 있습니다.

어떤 형식이든 화해를 표현하는 의식이 필요합니다. 모두가 함께하는 술자리를 갖는다면 화해 분위기는 더욱 무르익고, 다시 유쾌한 대화도 가능해질 것입니다.

한 집단이 갈등에 대해 어렵게 이야기를 나눈 후에도 화해를 알리는 의식이 필요합니다. 참석자들이 합의서를 작성하고 서명하는 것만으로는 충분치 않습니다. 밖으로 드러나는 의식이 필요합니다.

집단의 성격에 따라 다르겠지만, 종교와 무관한 집단이라면 축제를 열거나 샴페인으로 건배를 하며 서로를 축복하는 것도 훌륭한 화해 의식이 될 수 있습니다.

합의를 이룬 양측이 기자 회견을 열어 화해를 축하할 수도 있습니다. 기자들 앞에 서서 함께 이뤄 낸 합의에 대해 알리는 자리에서는 양측 모두 상대방에게 다정한 말을 건넵니다. 이때는 아쉬움이나 불평을 말하지 않습니다. 양측 모두 상대방 덕분에 합의에 도달했다고 생각하기 때문입니다.

기업에서 어렵게 해결책을 찾아냈다면 기념하기 위해 사진을 걸어 두는 것도 좋은 방법입니다. 갈등 당사자들이 조화로운 방식으로 합의에 이른 과정을 표현한 캐리커처도 어울릴 것입니다. 화해를 기념하는 상징물을 잘 보이는 곳에 전시할 수도 있습니다. 이를 테면 화해의 나무를 심고, 감사와 소망, 희망과 신뢰의 메시지를 적어 가지에 걸어 둘 수도 있겠지요.

화해의 상징물은 갈등을 해결하면서 얻게 된 안도와 여유, 평온을 뜻합니다. 회사 전체를 숨죽이게 했던 갈등과 긴장이 해소되면 직원 모두가 자신이 공헌한 바를 화해의 나무를 통해 기념할 수 있습니다.

또 종교적인 화해 의식을 치를 수도 있습니다. 종교단체나 교회뿐만 아니라, 신앙에 열린 마음을 가진 기업에서도 이런 화해 의식을 가진다면 도움이 될 것입니다. 모두가 손을 잡고 둥글게 서서 큰소리로 주기도문을 외웁니다.

"저희에게 잘못한 이를 저희가 용서하오니 저희 죄를 용서하시고……."

잘못한 사람을 가려내기보다 모두가 잘못을 고백하며 기도를 올리는 동안 다른 사람을 진심으로 용서하게 됩니다.

"당신을 용서합니다.
그리고 축복합니다"

고해미사도 종교적 화해 의식으로 좋은 방법이라 할

수 있습니다. 미사를 드릴 때 화해에 관한 성경 구절을 읽으며 옆 사람과 일치감을 느끼게 해주는 성가를 부릅니다.

미사를 통해 각자 어떤 책임을 지고 있는지, 갈등을 해소하는 데 얼마만큼 방해가 되었는지 반성할 수도 있습니다.

모두 자기 잘못을 하느님께 고합니다. 어느 누구도 다른 사람에 대해 심판하지 않습니다. 화해 의식에 참가한 사람들은 잘못을 고백하며 하나가 됩니다.

하느님은 죄를 고백하는 바로 그 자리에서 우리를 용서합니다. 잘못을 지적하지 않습니다.

고해미사 후에는 모두가 자유와 해방감을 느끼면서 다른 사람들과 함께할 수 있습니다. 그리고 다 같이 악수를 나누는 것으로 고해미사를 마무리합니다. 악수를 나눌 때에는 하느님의 축복이 우리를 하나로 만들어 주었고, 우리도 서로를 축복하게 되었다고 말합니다. 모두가 평화의 인사를 나눕니다. 모두 다른 사람을 위해 평화를 기원합니다. 악수 혹은 포옹으로 축복을 표현합니다. 특별한 의식을 통해 평화의 인사를 나눌 수도 있습니다.

이런 의식은 어떨까요? 손바닥을 위로 향하게 하고 두 손을 모은 후 하느님이 계신 하늘을 향해 뻗습니다. 그리고 하느님이 우리 손에 무엇을 쥐어 주었는지, 우리의 손이 이제까지 자비롭게 쓰였는지, 혹은 무언가를 방해하는 데 쓰였는지 깊이 생각합니다.

선한 손으로 우리를 감싸 주시는 하느님의 사랑 안에서 우리는 우리 손으로 행한 모든 일을 하느님께 솔직하게 고합니다.

그런 후에 "주님, 우리를 불쌍히 여기소서"라고 기도하며 손을 내립니다.

또는 두 손을 모으고 손바닥을 내려다봅니다. 그런 다음 옆 사람에게 다가가 그의 두 손 위에 성호를 그리며 이렇게 기원합니다.

"하느님께서 당신의 손을 축복합니다. 당신의 손에서 축복이 시작됩니다. 당신이 손에 쥔 모든 것이 당신과 사람들에게 축복을 가져다 줄 것입니다."

이제 그는 내 손 위에 성호를 그리며 축복의 말을 전합니다.

이런 식으로 그 자리에 참석한 모두에게 다가가 축복을 빌어 줄 수 있습니다.

대화로 해결한 갈등을 이런 의식을 통해 다시 깊이 있게 해소합니다. 그러면 하느님의 축복 속에서 모두가 하나가 될 수 있습니다.

맺는 말
인간은 갈등 속에서 신에게 다가간다

갈등 없는 삶은 없습니다. 갈등이 없으면 발전도 없을 것입니다. 하지만 갈등은 삶의 활기를 빼앗고 부정적 기운을 퍼뜨리기도 합니다. 그런 갈등 속에서 고통스러워하는 사람들은 정신적 고통을 넘어 육신의 병까지 얻기도 합니다. 더 이상 공동체에 머물기 힘들어지고, 마음속으로 분열을 느낍니다.

그러므로 개인과 공동체의 행복과 평화를 위해 함께 갈등을 해소할 방법을 찾는 것이 무엇보다 중요합니다.

그러기 위해서는 우선 갈등을 인정하는 데서 시작해야 합니다. 다툼을 해결하는 과정에서 축복이 생겨난다는 희망을 가지고 대화할 때 비로소 우리는 갈등을 해소할 수 있습니다.

성경은 대립과 갈등을 해결할 수 있는 여러 방법을 제시합니다. 성경에서 도움을 얻기 위해서는 먼저 우리가 처한 갈등을 인지해야 합니다. 성경 말씀과 심리학적 통찰을 서로 연결하면, 성경의 지혜를 올바로 이해하는 데 도움이 될 것입니다. 또한 인간적이면서 동시에 영성적인 방법으로 갈등을 해소하기 위해 성경이 오늘날에도 유용함을 깨닫게 될 것입니다.

그러기 위해서는 먼저 나의 영혼 속에서 일어나는 갈등을 잘 살피고, 나 자신과 화해하며, 조화를 이루어야 합니다. 그런 후에 다른 사람과의 갈등을 들여다보아야 합니다.

갈등은 나와 다른 사람의 영혼에 숨어 있는 무언가를 드러냅니다. 갈등은 자신의 참모습을 인식하게 해주고 인간의 마음을 더 잘 이해하도록 돕습니다. 이런 방식으로 갈등을 해소한 부부는 관계를 더욱 생기 넘치게 만들 수 있습니다. 갈등을 통해 관계가 더욱 성장하기 때문입니다.

집단 내의 갈등을 해결할 때도 우선 자기 마음의 갈등을 고민하고, 자기 문제를 다른 사람에게 투사하고 있음을 인식해야 합니다. 갈등을 해소하려면 언제나 자신에게 정직하고 겸손해야 합니다. 성경에서는 자신의 인간적인 면과 연약함을 솔직하게 인정하며 다른 사람이 가진 좋은 씨앗을 보아야 한다고 말합니다.

성경 말씀처럼 우리는 서로에게 좀 더 다가가 새로운 해결책을 찾을 수 있습니다. 또한 갈등과 정면으로 대결해 반드시 해결하겠다는 의지가 필요합니다. 자기 입장을 관철시키겠다는 고집을 가지고 대화하는 태도는 적절한 갈등 해결책을 찾는 데 방해가 될 뿐입니다.

실질적인 갈등 해결책을 찾기 위해서는 사랑과 겸손, 약간의 희망 그리고 무엇보다 좋은 방법론적 도구가 필요합니다.

오늘날 중재자를 위한 여러 가지 교육 프로그램이 있습니다. 이 프로그램을 통해 의견 대립이 심할 때 회의를 이끄는 방법과 갈등 당사자들이 의견 차이를 좁히도록 돕는 방법을 배울 수 있습니다.

주변을 둘러보면 오로지 기독교적 신념만으로 모든 갈등을 해소할 수 있다고 믿는 사람들이 있습니다. 그런 사람들에게는 소통 심리학을 배우라고 권하고 싶습니다.

사랑하는 독자 여러분, 자신과의 갈등이든 다른 사

람과의 갈등이든 집단에서의 갈등이든 여러분이 마주한 갈등을 해소할 좋은 방법을 찾아내길 바랍니다. 방법을 찾는 과정에서 여러분은 성장하고 발전할 것입니다. 영혼의 잠재력을 발견하고 아마도 유년 시절부터 당신을 괴롭혔을 갈등 공포증에서 벗어날 수 있을 것입니다.

갈등 해소를 통해 상대방에게 축복을 전해 주십시오. 그리고 주위의 평화에 공헌하십시오. 그 평화는 화해의 씨앗이 될 것이고, 누룩처럼 전 세계로 퍼져 나갈 것입니다.

참고문헌

- 안젤름 그륀Anselm Grün, *Vergib dir selbst*, Münsterschwarzach 1999.
- 한스 옐루셰크Hans Jellouschek, *Warum hast du mir das angetan? Untreue als Chance*, München 1997.
- 카를 구스타브 융Carl Gustav Jung, *Gesammelte Werke, Band 11*, Zürich 1963.
- 헤드비히 켈너Hedwig Kellner, *Lass dich nicht auf die Palme bringen! Konflikte positiv lösen*, München 1997.
- 비르기트 테레지아 코흐Birgit Theresia Koch, *Hinter jedem Konflikt steckt ein Traum, der sich entfalten will*, München 2008.
- 이자벨 니체Isabel Nitzsche, *Erfolgreich durch Konflikte. Wie Frauen im Job Krisen managen*, Hamburg 2001.
- 마르크 오레종Marc Oraison, *Mit Konflikten leben*, Freiburg 1973.
- 아드리안 솅커Adrian Schenker, *Versöhnung und Sühne. Wege gewaltfreier Konfliktlösung im Alten Testament. Mit einem Ausblick auf das Neue Testament*, Freiburg/Schweiz 1981.
- 로렌츠 바힝거Lorenz Wachinger, *In Konflikten nicht verstummen. Wie Paare wieder reden lernen*, Düsseldorf 1993.

배명자 옮김
서강대학교 영문학과를 졸업하고, 출판사에서 8년간 편집자로 근무했다. 그러던 중 대안교육에 관심을 가지게 되어 독일로 유학을 갔다. 그곳에서 뉘른베르크 발도르프 사범학교를 졸업했다. 현재 가족과 함께 독일에 거주하며 바른번역에서 활동하고 있다. 《매력적인 장 여행》《저니맨》《부자들의 생각법》《위키리크스》《독일인의 사랑》 등 다수를 번역했다.

치유의 기도

1판 1쇄	2014년 12월 22일
1판 5쇄	2023년 12월 20일
지은이	안젤름 그륀
옮긴이	배명자
발행인	이선희
편집	이선희 전진
저작권	박지영 형소진 최은진 서연주 오서영
디자인	이보람
마케팅	정민호 박치우 한미아 이민경 박진희 정유선 정경주 김수인
브랜딩	함유지 함근아 박민재 김희숙 고보미 정승민 배진성 박다솔 조다현
제작	강신은 김동욱 이순호
제작처	한영문화사
펴낸곳	(주)나무의마음
출판등록	2016년 8월 25일 제406-2016-000107호
주소	10881 경기도 파주시 회동길 210
문의전화	031-955-2696(마케팅) 031-955-2643(편집) 031-955-8855(팩스)
전자우편	sunny@munhak.com
ISBN	978-89-546-2660-6 03230

- 나무의마음은 (주)문학동네의 계열사입니다.
- 잘못된 책은 구입하신 서점에서 교환해드립니다.
  기타 교환 문의: 031-955-2661, 3580

www.munhak.com